Raw & Simple

Titel der Originalausgabe: *Raw and Simple. Eat Well and Live Radiantly. With 100 Truly Quick and Easy Recipes for the Raw Food Lifestyle,* erschienen bei *Quarry Books,* Beverly, Massachusetts/USA

Translation Rights arranged with *Quayside Publishing Group,* Beverly, Massachusetts/USA

Lektorat: Ute Orth
Korrektorat: Petra Zwerenz
Fotos: Matt Wignall
Food Styling: Peilin Breller
Einbandgestaltung: Kurt Liebig
Layout Innenteil: Amanda Paganini, Kurt Liebig
Druck: 1010 Printing Group, Hong Kong

Hans-Nietsch-Verlag
Am Himmelreich 7
79312 Emmendingen

www.nietsch.de
info@nietsch.de

ISBN 978-3-86264-240-3

Judita Wignall

Raw & Simple

Pfiffige Rohkostgerichte – einfach & schnell zubereitet und dabei unglaublich lecker

Aus dem Amerikanischen von Elisabeth Liebl
Fotos: Matt Wignall

HANS-NIETSCH-VERLAG

Inhalt

Einführung

Fast sechs Jahre ist es nun schon her, dass ich auf der Suche nach dem Geheimrezept für eine schönere Haut über die Rohkost „gestolpert" bin. Diese Entdeckung hat mein Leben radikal verändert. Ich war damals zwar nicht ernsthaft krank, litt aber unter Akne, Arthritis in den Fingern, ständigen Kopfschmerzen und einer leichten Depression. Zudem war ich immer müde. Alle diese Probleme verschwanden, als ich meinen Speiseplan von schwer verdaulichen tierischen Proteinen auf eine leichte, energiestrotzende Ernährung auf der Basis von rohen Früchten und Gemüse umstellte. Wo ich auch hinkam, pries ich die Vorzüge der rohköstlichen Ernährung an. Ich kaufte und las jedes Buch, das mir zu diesem wunderbaren Thema in die Finger kam. Ich war ausgezogen, eine überzeugte Rohköstlerin zu werden. Meine Freunde und Verwandten fanden meine neue Ernährungsweise aber zu einseitig und zu dogmatisch. Glücklicherweise wurde ich mit der Zeit etwas lockerer. Ich hörte auf, mich verbissen an bestimmte Regeln halten zu wollen und fand mein inneres Gleichgewicht. Auf meinem rohköstlichen Weg habe ich Höhen und Tiefen kennengelernt, daher möchte ich nun meine Erfolge ebenso mit Ihnen teilen wie meine Fehler.

Im Laufe all der Jahre, die ich mich mittlerweile rohköstlich ernähre, ist eine regelrechte „Rohkostbewegung" entstanden. Was früher als Ganz-oder-gar-nicht-Diät galt, hat sich vom einstigen Nischendasein zu einem gesunden Lebensstil für viele Menschen entwickelt. Es ist inzwischen zu einer Selbstverständlichkeit geworden, regelmäßig Sport zu treiben, genug Wasser zu trinken und jede Nacht ausreichend zu schlafen. Immer mehr Menschen wird bewusst, dass frische, lebendige Nahrung ihrem Körper guttut, Heißhungeranfälle verhindert und ihnen jede Menge Energie schenkt. Wer nicht auf halbem Wege kehrtmacht und sich für 100 Prozent Rohkost entscheidet, wird schon nach kurzer Zeit feststellen, dass diese Form der Ernährung eine der heilsamsten überhaupt ist, die eine tief greifende Veränderung in uns bewirkt. Wir können dies ein paar Tage lang machen, aber auch über Wochen, Monate oder Jahre hinweg, je nachdem, welche gesundheitlichen Ziele wir uns gesetzt haben. Menschen mit Krebs, Autoimmunerkrankungen und Arthritis haben mit einer ausschließlich rohköstlichen Ernährung schon unglaubliche gesundheitliche Fortschritte erzielt.

Ich möchte Sie dazu inspirieren, Ihren Lebens- und Ernährungsstil zu verbessern – und nicht ihnen meine Ernährungsideale aufschwatzen. Tatsächlich sind 100-prozentige Rohköstler eher selten. Ich habe größten Respekt vor Menschen, die sich ausschließlich von Rohkost ernähren, doch für den größten Teil von uns ist das einfach nicht praktikabel – und auch nicht unbedingt nötig. Eine Ernährung, die für mich gut ist, kann Ihnen vielleicht sogar schaden. Und was für Sie lange Zeit das Beste war, ist irgendwann vielleicht überholt. Wir müssen darauf hören, was unser Körper braucht und wie wir uns mit der Nahrung, die wir zu uns nehmen, fühlen. Letztendlich geht es doch darum, unser eigenes Gleichgewicht zu finden.Welchen Lebensstil Sie auch immer pflegen, ganz gleich ob Sie „Allesesser", Vegetarier oder Veganer sind, jeder gewinnt dazu, wenn er mehr Rohköstliches in seine Ernährung einbaut. Wie viel Rohkost Sie zu sich nehmen wollen – das entscheiden allein Sie selbst!

Wenn Sie mit Rohkost gerade erst anfangen, haben Sie vielleicht das ein oder andere Buch gelesen, möglicherweise sogar mein erstes Buch *Going Raw* (siehe „Literaturverzeichnis", Seite 169), und sind noch etwas verunsichert. Lauter Zutaten, die keiner kennt, und dann dieses ständige Einweichen, Mixen und Trocknen. Und alles dauert Stunden! Vergessen Sie all das einfach! Ich habe es mir bei diesem Buch zur Aufgabe gemacht, Ihnen Möglichkeiten aufzuzeigen, wie Sie schnell frische und leckere Speisen zubereiten können, ohne dafür Ihren Job aufzugeben oder Ihre Küche umbauen zu müssen. Sie brauchen auch keinen Dörrautomaten. Und wenn Sie bereits einen besitzen, dann benutzen Sie ihn dazu, Ihre Gerichte zu erwärmen oder Nüsse und Samen nach dem Einweichen wieder zu trocknen. Bei den meisten Rezepten habe ich mich auf einige klassische Grundzutaten beschränkt, die leicht zu bekommen sind – mit Ausnahme der einen oder anderen Überraschung. Ich werde Ihnen zeigen, wie Sie Ihre Mahlzeiten planen können und was Sie zu Hause haben sollten, um im Handumdrehen ein leckeres Rohkostmenü zu zaubern.

Und wenn Sie bereits zu den erfahrenen Rohköstlern gehören, besteht ebenfalls kein Grund zur Sorge: Auch für Sie habe ich ein paar Dinge in petto. Viele von uns meinen ja, wir könnten essen, was immer wir wollen, solange es nur roh ist. Aber jeder von uns kennt die Berg- und Talfahrten des Blutzuckerspiegels, von den durch zu hohe Cholesterinwerte ausgelösten Erkrankungen einmal ganz zu schweigen. Es gibt viele rohköstliche Gerichte, die uns statt der erhofften Vitalität Blähungen und Müdigkeit bescheren. Um dies zu verhindern, habe ich den Fettanteil der Gerichte weitgehend reduziert und auf die Verwendung von insulinneutralen natürlichen Süßungsmitteln geachtet. Nicht umsonst ist Diabetes die neue Volkskrankheit vieler westlicher Länder. Auch in seiner rohen Form ist Zucker ein Lebensmittel, das man nur in Maßen genießen sollte – auch darauf werde ich in diesem Buch eingehen. Schließlich möchte ich doch, dass jeder sich mit seiner neuen Ernährung besser fühlt als je zuvor.

Die Rohkostküche war nie einfacher, gesünder und pfiffiger. Ich hoffe, Sie genießen Ihren Weg zur Rohkost und die strahlende Vitalität, die sich unterwegs einstellt.

Gruß und Kuss
Ihre Judita

Kapitel 1

Rohkost – Der Energiekick

Nachdem ich mich jahrelang nach der Low-Carb-Methode ernährt habe, also viel tierisches Protein verzehrt habe, fand ich den Umstieg auf pflanzliche Rohkost einfach nur erfrischend und heilsam. Davor fühlte ich mich sehr oft matt und aufgebläht, meine Haut war eine Katastrophe und die vielen Liter Limonade und Kaffee, die ich täglich in mich hineinschüttete, hatten meine Drüsentätigkeit lahmgelegt, weshalb ich immer weniger Energie hatte. Diese schwer verdauliche, Säure produzierende Art zu essen tat mir wirklich nicht gut. Ich wusste, dass sich etwas ändern musste. Bald nachdem ich auf Rohkost umgestellt hatte, war ich 7 Kilo leichter, meine ständigen Schmerzen waren verschwunden und meine Haut wurde mit jedem Tag reiner.

Jetzt, sechs Jahre später, finde ich die rohköstliche Ernährung immer noch göttlich. Das bedeutet jedoch nicht, dass ich nicht auch mal gekochte Nahrung zu mir nehme, aber immer wenn es mir an Energie fehlt, verschafft mir frische, lebendige Nahrung genau den Kick, den ich brauche. Und die pflanzliche Rohkost sorgt dafür, dass meine Haut jung und strahlend bleibt. Ich kann abends spät ins Bett gehen und am nächsten Morgen früh aufstehen, trotzdem fühle ich mich immer frisch und ausgeruht. Außerdem werde ich selten krank und leide nicht mehr unter Kopfschmerzen. Meine Geschichte ist jedoch kein Einzelfall. Ich kenne Menschen, die nach der Umstellung auf Rohkost mehr als 100 Kilo abgenommen haben, die Erfolge im Kampf gegen Krebs verzeichnen konnten, die als Diabetiker kein Insulin mehr brauchen oder Herzkrankheiten und Allergien wieder losgeworden sind. Ich behaupte nicht, dass Rohkost Zauberkräfte hat, doch unser Körper heilt sich ganz einfach selbst, wenn wir ihn nur lassen. Wenn Sie regelmäßig Rohkost in Ihren Speiseplan einbauen, geben Sie Ihrem Körper alle Nährstoffe und die Energie, die er braucht, um das zu tun, wofür er geschaffen wurde.

Was ist Rohkost?

Rohkost ist alles, was nicht über 48 °C erhitzt und nicht durch chemische Zusätze, Pasteurisierung oder Bestrahlung haltbar gemacht und verändert wurde. Wenn wir unsere Nahrung so naturbelassen wie möglich halten, bewahren wir zwischen 70 und 90 Prozent ihres Nährstoffgehaltes. Vor allem Vitamin C und B sind besonders hitzeempfindlich. Das gilt aber auch für die Enzyme, die uns bei der Verdauung helfen. Für die Zubereitung von Rohkost brauchen Sie im Wesentlichen einen Mixer und eine Küchenmaschine. Dabei bleiben die Nährstoffe unangetastet und ihr Aroma kann sich voll entfalten.

Die wichtigsten Nahrungsmittelgruppen der Rohkost sind Früchte, Gemüse, Nüsse, Samen und Algen. Die Pioniere der Rohkost waren zumeist Veganer und nahmen keinerlei Rohstoffe vom Tier zu sich. Heute gibt es allerdings auch Rohköstler, die Milchprodukte, Eier, Fleisch und Fisch essen. Meiner Ansicht nach ist eine rein pflanzliche Ernährung gesünder, weil sie den Körper leicht basisch hält. Dies gilt vor allem für die Umstellung von der amerikanischen oder europäischen Standardernährung auf Rohkost. Aus diesem Grund finden Sie in diesem Buch nur vegetarische Rezepte.

Die Vorzüge der rohköstlichen Ernährung

Warum tut Rohkost unserem Körper so gut? Hier ein kurzer Überblick über die wichtigsten Vorteile der Rohkosternährung.

Rohkost reinigt Ihren Körper

Unser Körper ist ständig damit beschäftigt, Zellen zu reparieren, Giftstoffe auszuscheiden und krank machende Eindringlinge zu bekämpfen. Wenn wir ihn mit hochgradig industriell verarbeiteten Lebensmitteln und anderen Giftstoffen überfrachten, wird er mit dem Ansturm der Toxine nicht mehr fertig. Schlacken sammeln sich in unserem Fettgewebe an, unser Körper wird schwächer und unsere Gesundheit verschlechtert sich zunehmend. Ernähren wir uns aber rein, natürlich und leicht verdaulich, dann steht unserem Körper mehr Energie zur Verfügung, um seine Reparatur- und Entgiftungsarbeiten zu erledigen, und kann seine alte Stärke und Strahlkraft zurückerlangen.

Rohkost macht Ihren Körper basisch

Obst und Gemüse enthalten Mineralstoffe, die den Körper dabei unterstützen, den pH-Wert des Blutes auf einem Wert zwischen 7,35 und 7,45, also leicht basisch, zu halten. Fleisch, Milchprodukte, Weizen, Kaffee, Limonade und Alkohol machen den Körper sauer und können zu Gewichtszunahme, chronischer Erschöpfung, Osteoporose, Arthritis und Krebs führen. Idealerweise sollten wir uns so ernähren, dass 80 Prozent unserer Nahrung basen- und höchstens 20 Prozent säurebildend wirken.

Der Heißhunger lässt nach

Rohkost mit ihrem Reichtum an Vitalstoffen verhindert unser ständiges Verlangen nach etwas Essbarem ebenso wie Heißhungeranfälle und dämpft den Appetit.

Rohkost schenkt Ihnen mehr Energie

Nie wieder Energiemangel durch Verdauungsprobleme! Und Sie werden feststellen, dass Sie Ihr Mittagsschläfchen oder die Tasse Kaffee am Nachmittag gar nicht mehr brauchen, denn mit Rohkost nehmen Sie pure Energie zu sich!

Rohkost verbessert Ihr hormonelles Gleichgewicht

Unser Lebensstil beeinflusst auch unseren Hormonspiegel. Nach der Umstellung auf zuckerarme Rohkost können Wassereinlagerungen, Berührungsempfindlichkeit der Brüste, Bauchkrämpfe und Hitzewallungen weniger bzw. schwächer werden.

Die Dehydrationsgefahr sinkt

Die meisten Menschen trinken nicht genug Wasser und sind daher chronisch dehydriert. Rohkost enthält mehr Wasser als gekochte Nahrung, was die Arbeit unserer Nieren unterstützt. Gleichzeitig wirkt unsere Haut glatter, wir können uns besser konzentrieren und haben mehr Energie.

Ihre Verdauung funktioniert besser

Rohkost enthält viel Wasser und Ballaststoffe, was die Verdauung in Schwung bringt. Dadurch werden Schlacken und Giftstoffe regelmäßig ausgeschieden. Sie haben einen flachen Bauch und fühlen sich weniger schlapp und aufgebläht.

Ihr Immunsystem wird angeregt

Rohkost enthält viel Vitamin C und sekundäre Pflanzenstoffe, die das Immunsystem auf Trab bringen, weil sie antioxidativ, antientzündlich und antikarzinogen wirken. Außerdem schützen sie vor Problemen des Herz-Kreislauf-Systems, Makuladegeneration und Osteoporose.

Rohe Pflanzennahrung enthält Chlorophyll

Alle grünen Pflanzenteile enthalten Chlorophyll, das stark basenbildend und antikarzinogen wirkt. Es hilft beim Aufbau von roten Blutkörperchen, erhöht den Sauerstoffgehalt im Blut und bindet giftige Schwermetalle wie zum Beispiel Quecksilber. Besonders Chlorophyll wird durch Hitze bzw. Garen schnell zerstört.

Sie werden abnehmen

Diese Ernährung ist kalorienarm und ballaststoffreich. Sie werden ganz von selbst abnehmen, sobald Sie sich rohköstlich ernähren. Je mehr hochgradig verarbeitetes Junkfood Sie durch Rohkost ersetzen, desto schlanker werden Sie!

Rohkost verlangsamt den Alterungsprozess

Wenn Sie Ihrem Körper jeden Tag das geben, was er braucht, funktionieren Ihre Organe besser. Sie haben mehr Energie, können sich besser konzentrieren und auch Ihre Hormone bleiben im Gleichgewicht. Das führt ganz automatisch zu weniger Falten. Das Risiko, altersbedingte Krankheiten zu entwickeln, sinkt.

Wichtige Nährstoffe

Wenn Sie sich rohköstlich ernähren, kann Ihr Körper alle Nährstoffe aufnehmen. Ihr Speiseplan sollte abwechslungsreich sein und Sie sollten viele verschiedene grüne Gemüsesorten zu sich nehmen. Die folgende Auflistung enthält die für den menschlichen Körper wichtigsten Nährstoffe und ihre rohköstlichen Quellen.

Proteine

Eine erwachsene Frau braucht durchschnittlich 46 Gramm Proteine pro Tag, ein Mann etwa 56 Gramm. Und nun die gute Nachricht: Mit pflanzlicher Nahrung nehmen Sie täglich eine ausreichende Menge davon zu sich, da fast alle Pflanzen Proteine enthalten. Eiweiß besteht aus Aminosäuren, die der Körper braucht, um Gewebe zu reparieren. Zudem sind Proteine essenziell für den Zellaufbau und die Bildung von Antikörpern. Sie sind der Motor jeder enzymatischen und hormonellen Aktivität. Wenn Sie schwanger sind oder Hochleistungssport betreiben, müssen Sie mehr davon zu sich nehmen, ansonsten reicht die oben angegebene durchschnittliche Tagesmenge absolut aus.

Die besten Proteinquellen sind:

- Grünes Blattgemüse, vor allem Spinat und Grünkohl
- Buchweizen
- Chiasamen
- Gojibeeren
- Hafer
- Hanfsamen
- Kakaonibs
- Kürbiskerne
- Leinsamen
- Mandeln
- Sprossen
- Sonnenblumenkerne

Ein gesunder Tipp:

Wenn Sie an eine stark proteinhaltige Ernährung gewohnt sind und Rohkost dieses Verlangen nicht befriedigt, ergänzen Sie doch Ihre Smoothies versuchsweise einmal mit einem veganen Proteinpulver wie es zum Beispiel von *Sun Warrior* angeboten wird. Ich verrühre es gern mit Mandelmilch zu einem Drink. Garantiert besser als Kaffee – und ganz ohne Nebenwirkungen!

Kalzium

Zum Aufbau gesunder Knochen brauchen Sie nicht nur Kalzium. Ohne Vitamin D zum Beispiel können Sie Kalzium gar nicht aufnehmen. Außerdem brauchen unsere Knochen Aufbaunahrung wie Silizium und Magnesium. Kalzium findet sich vorzugsweise in:

- Brokkoli
- Endivien
- Feigen
- Grünkohl
- Kelp
- Pak Choi
- Sesamsamen (Tahin)
- Stängelkohl

Vitamin D

Verbringen Sie auch bei bedecktem Himmel täglich wenigstens 10 bis 15 Minuten im Freien oder nehmen Sie Nahrungsergänzungsmittel mit Vitamin D_2 oder D_3 zu sich. Vitamin D_2 stammt aus pflanzlichen Quellen, D_3 aus tierischen. Letzteres hat zwar eine höhere Bioverfügbarkeit, aber wirksam sind beide.

Silizium und Magnesium

Diese beiden für den Knochenbau wichtigen Mineralstoffe unterstützen auch Haut und Herz.

Sie finden sie in folgenden köstlichen Nahrungsmitteln:

- Äpfel
- Bananen
- Brennnessel (Tee)
- Feigen
- Kakao
- Kirschen
- Kürbiskerne
- Mandeln
- Orangen
- Rote Bete
- Salatgurken
- Schachtelhalm (Tee)
- Spinat
- Stangensellerie
- Zwiebeln

Eisen

Eisen reichert das Blut mit Sauerstoff an und wirkt blutbildend. Es kann unter Einfluss von Vitamin C besser vom Körper aufgenommen werden. Verarbeiten Sie doch Ihre „Eisenspender" mit ein paar Tomaten und Zitronensaft zu einem Salat.

Die besten Quellen sind:

- Brokkoli
- Grünkohl
- Kelp
- Kürbiskerne
- Pak Choi
- Romanasalat
- Sesamsamen
- Sonnenblumenkerne

Essenzielle Fettsäuren

Die Aufnahme von Omega-6-Fettsäuren ist für uns normalerweise kein Problem, doch was wir brauchen, sind Omega-3-Fettsäuren. Sie verbessern die Gehirnfunktion und verringern das Risiko von Herz-Kreislauf-Erkrankungen.

Die besten Quellen sind:

- Algen
- Brokkoli
- Chiasamen und Chiasamenöl
- grünes Blattgemüse
- Hanfsamen und Hanfsamenöl
- Leinsamen und Leinöl
- Sacha-Inchi-Samen und - Öl
- Walnüsse

Vitamin B_{12}

Ein Mangel an Vitamin B_{12} kann zu gravierenden gesundheitlichen Problemen führen wie Depressionen, innerer Erregung, Gedächtnisverlust, schneller Ermüdbarkeit der Muskulatur sowie irreversiblen neurologischen Schädigungen. Es ist nicht möglich, den Vitamin-B_{12}-Bedarf mit Rohkost zu decken, da es keine pflanzlichen Vitamin-B_{12}-Quellen gibt. Aber wissenschaftliche Studien haben gezeigt, dass auch viele Fleischesser unter Vitamin-B_{12}-Mangel leiden. Am besten verwenden Sie Methylcobalamin, das in Tropfen- oder Tablettenform übers Internet erhältlich ist.

Wir kochen uns krank

Einer der wesentlichen Vorzüge der Rohkost liegt nicht in dem, was Sie essen, sondern in dem, was Sie nicht verzehren. Industriell verarbeitete Nahrungsmittel enthalten in der Regel Transfette, raffinierten Zucker, künstliche Farb- und Geschmacksstoffe sowie reichlich Konservierungsstoffe. Dieser Chemiecocktail bereitet unserem Körper allerhand Probleme. Zudem können beim Garen zahlreiche krebserregende Stoffe wie Acrylamid, heterozyklische Amine, AGEs *(Advanced Glycation Endproducts)* und polyzyklische aromatische Kohlenwasserstoffe entstehen, wenn Öle, tierische Proteine, Stärke und Zucker erhitzt werden. Durch wissenschaftliche Studien konnte nachgewiesen werden, dass diese Stoffe das Immunsystem lahmlegen, unsere DNS verändern, den Alterungsprozess beschleunigen, Entzündungen im Körper auslösen und das Krebsrisiko erhöhen.

Auch der Verzicht auf Kaffee und Alkohol kann die Gesundheit entscheidend verbessern. Kaffee entzieht dem Körper Wasser, bringt den Hormonspiegel durcheinander, behindert die Eisenaufnahme und belastet den Körper. Auch Alkohol wirkt dehydrierend, er schwächt die Knochen, führt zu Depressionen, Gewichtszunahme und hormonellen Störungen. Ich will Sie nicht dazu anhalten, nie wieder Alkohol oder Kaffee zu sich zu nehmen, doch wenn Sie gesund leben wollen, sollten Sie den Genuss dieser Stimulanzien einschränken.

Wie Sie es schaffen

In puncto Ernährung gibt es kein Geheimrezept, das für alle gleichermaßen funktioniert. Jeder von uns hat unterschiedliche Bedürfnisse, gesundheitliche Probleme und Ziele. Daher rate ich als Ernährungsberaterin meinen Klienten nie zu einem Ganz-oder-gar-nicht-Modell. Jeder muss hier seinen eigenen Weg finden, ohne sich mit anderen zu vergleichen. Rohkost ist keine Sache des Glaubens, sondern ein Weg – unter vielen – zu mehr Gesundheit und Lebensfreude. Für die meisten Menschen ist ein Rohkostanteil von 50 Prozent auf ihrem täglichen Speiseplan gut machbar. Mit einem Smoothie zum Frühstück und einem Salat zum Mittag- oder Abendessen müssen Sie Ihre Ernährungsgewohnheiten nicht einmal völlig umstellen. Manchmal genügt auch schon eine Rohkost-Mahlzeit pro Tag. Victoria Boutenko, die Autorin von *Green for Life* (siehe „Literaturverzeichnis", Seite 169), hat 27 Personen gebeten, – zusätzlich zu ihrer normalen Ernährung – einen Monat lang zum Frühstück 1 Liter grüne Smoothies zu trinken. 24 von ihnen berichteten anschließend über positive Veränderungen: Sie hatten mehr Energie, eine bessere Verdauung, weniger Blutzuckerschwankungen, einen besseren Schlaf, eine reine Haut, kräftige Fingernägel, weniger Schuppen und besseren Sex. Was haben Sie also zu verlieren – abgesehen von Ihren gesundheitlichen Problemen?

Wenn Sie sich mit 50 Prozent Rohkost wohlfühlen, können Sie es ja gelegentlich mit einem Anteil von 75 Prozent versuchen – und dann mit 100 Prozent. Achten Sie darauf, wie es Ihnen bei welchem Rohkostanteil geht. Wenn Sie aber von heute auf morgen auf 100 Prozent Rohkost umstellen, kann das für den Körper wie ein Schock sein. Schon bei 75 Prozent stellen sich die üblichen Begleiterscheinungen einer Entgiftung ein wie Kopfschmerzen, Heißhunger, Stimmungsschwankungen, Müdigkeit und Blähungen. Daher empfehle ich Ihnen: Fangen Sie „klein" an und arbeiten Sie sich langsam „hoch" – bis zu dem Punkt, an dem Sie sich immer noch wohlfühlen. Je höher jedoch der Rohkostanteil Ihrer Ernährung ist, desto niedriger sollte der Prozentsatz an industriell verarbeiteten Lebensmitteln sein. Lassen Sie also dann auch Frittiertes, Koffein, Fleisch, Milchprodukte, Weizen und andere glutenhaltige Lebensmittel weg. Gehen Sie es an – aber Schritt für Schritt – und Sie werden sehen, wie Ihre Gesundheit sich stetig verbessert.

Auf Rohkost umstellen

Probieren Sie mit dem nachstehenden Speiseplan aus, wie es Ihnen mit einem Rohkostanteil von mehr als 50 Prozent geht. Sie müssen sich aber nicht verbissen an meinen Vorschlag halten. Experimentieren Sie ruhig selbst: Vielleicht wollen Sie ja zum Frühstück lieber etwas Gekochtes, aber das Abendessen so rohköstlich wie möglich? Gestalten Sie Ihren Menüplan so, wie er für Sie stimmig ist. Und vergessen Sie nicht: Ein hoher Anteil an Rohkost kann für Sie richtig sein – oder auch nicht. Hören Sie auf Ihren Körper. Vertrauen Sie Ihrer Intuition und passen Sie den Speiseplan Ihren individuellen Bedürfnissen an.

Erste Woche: 50 Prozent Rohkost
Morgens: Rohköstliches Frühstück
Mittags: Rohköstlicher Beilagensalat plus Ihr übliches Mittagessen
Zwischendurch: Rohköstlicher Snack
Abendessen: Rohköstlicher Beilagensalat plus Ihr normales Abendessen
Dessert (wenn gewünscht): roh

Zweite Woche: 75 Prozent Rohkost
Morgens: Rohköstliches Frühstück
Mittags: Rohköstliches Mittagessen
Zwischendurch: Rohköstlicher Snack
Abendessen: Rohköstlicher Beilagensalat plus Ihr normales Abendessen
Dessert (wenn gewünscht): roh

Dritte Woche: 100 Prozent Rohkost
Morgens: Rohköstliches Frühstück
Mittags: Rohköstliches Mittagessen
Zwischendurch: Rohköstlicher Snack
Abendessen: Rohköstliches Abendessen
Dessert (wenn gewünscht): roh

Ein gesunder Lebensstil

Bei einem rohköstlichen Lebensstil geht es nicht nur ums Essen. Wir wollen unser Leben so gesundheitsfördernd wie möglich gestalten: durch regelmäßige Detox-Programme, Sport, ausreichend Schlaf und andere gesunde Gewohnheiten. Ich lege meinen Klienten gewöhnlich Folgendes ans Herz:

Kaufen Sie sich einen Wasserfilter

Der Rohkostspezialist David Wolfe (siehe „Literaturverzeichnis", Seite 169) meinte einmal, wenn wir keinen Wasserfilter besäßen, müsste unser Körper als solcher herhalten. Die amerikanische Umweltorganisation EWG *(Environmental Working Group)* hat bei einer Untersuchung 315 Schadstoffe im US-amerikanischen Leitungswasser gefunden, darunter Chlor, Fluor, Arsen, Quecksilber, Chrom(VI)-oxid und zudem das radioaktive Radon. Ideal wäre also ein Filtersystem, das alle diese Stoffe vollständig aus unserem gesamten Wasser entfernt. Die Wassermengen, die Sie trinken oder in der Küche verwenden, sollten Sie aber möglichst filtern.

Verbannen Sie belastete Kosmetika aus Ihrem Badezimmer

Auch Kosmetika sind häufig mit belastenden Stoffen verunreinigt. Mittlerweile gibt es viele Unternehmen, die Produkte ohne diese Giftstoffe und Karzinogene herstellen. Die EWG (siehe oben) hat mehr als 74 000 potenziell toxische Stoffe in Kosmetika gefunden. Die Ergebnisse finden Sie auf *www.ewg.org/skindeep* (in englischer Sprache).

Greifen Sie zu schadstofffreien Putzmitteln

Sie sollten Ihre Umgebung und Ihre Kleidung nicht mit möglicherweise schädlichen Produkten reinigen. Die Detergenzien und Weichmacher in normalen Waschmitteln enthalten Xenoöstrogene, die zu hormonellen Problemen führen können. Da wir unsere Kleidung stets auf der Haut tragen und jede Nacht in unserer Bettwäsche schlafen, nehmen wir diese Stoffe direkt über die Haut auf. Suchen Sie in Ihrem Naturkostladen, im Biomarkt oder im Internet nach schadstofffreien Wasch- und Reinigungsmitteln.

Lassen Sie frische Luft in Ihre vier Wände

Die Luft in Ihrer Wohnung kann schädlicher sein als die Außenluft. Gegenstände wie Möbel, vor allem Küchenmöbel aus Spanplatten, Teppichböden und Farben geben Giftstoffe an die Luft ab. Also lüften Sie regelmäßig. Wie Sie die Luft in Ihrer Wohnung außerdem verbessern können, erfahren Sie in dem Buch *Energiepflanzen im Haus* von Eva Katharina Hoffmann (siehe „Literaturverzeichnis", Seite 169).

Essen Sie naturbelassen

Lassen Sie die Finger von industriell verarbeiteten Lebensmitteln. Sie sind voller Konservierungs- und Farbstoffe, enthalten künstliche geschmacksverstärkende Substanzen, Transfettsäuren, Acrylamide, genetisch modifizierte Organismen und nicht zuletzt: jede Menge Salz. Wenn Sie sich mit Lebensmitteln aus biologisch-organischem Anbau ernähren, nimmt Ihr Körper zudem weniger Pestizide auf.

Wie Sie Ihren Körper entgiften (Detox-Programm)

Ein normaler Mensch hat zwischen 300 und 500 verschiedene Giftstoffe in seinem Körper: Industriechemikalien, Pestizide und andere Toxine. Wissenschaftler haben in der Nabelschnur von Neugeborenen schon mehr als 200 solcher Stoffe nachgewiesen. Ganz schön viel Chemie für jemanden, der gerade erst das Licht der Welt erblickt hat! Besonders in der heutigen Zeit sollten wir uns darum bemühen, diesen Giftmüll zu vermeiden bzw. wieder abzubauen. Hier finden Sie ein paar Tipps, was Sie tun können, um Toxine auszuleiten.

Schwitzen Sie's raus

Unsere Haut ist ein riesiges Entgiftungsorgan. Schwitzen baut Giftstoffe im Fettgewebe ab, ganz gleich ob wir nun beim Sport schwitzen oder in der Sauna. Super ist eine Infrarotsauna, da Infrarotlicht 3,8 Zentimeter tief ins Gewebe eindringt, was dem Körper hilft, Giftstoffe zu lösen. Da die Infrarotsauna zudem mit niedrigeren Temperaturen arbeitet, können Sie länger drinbleiben als in der klassischen Sauna.

Rebounding – Springen Sie sich fit

Mit den federnden Bewegungen auf dem Mini-Trampolin *(Rebounding)* regen Sie den Lymphfluss an und verbrennen Kalorien. Die Auf- und Ab-Bewegung stimuliert die weißen Blutkörperchen, gleichzeitig schwemmt die Lymphe Bakterien, Viren und Giftstoffe aus dem Körper. Wenn Sie ein Mini-Trampolin zu Hause haben: Mehrmals am Tag etwa 2 Minuten lang hüpfen reicht aus, um Knochen, Gewebe und das Immunsystem zu stärken. Ähnliches gilt übrigens auch fürs Seilspringen!

Regelmäßige Darmreinigung

Wenn Sie sich nicht 2- bis 3-mal pro Tag entleeren, bleiben Giftstoffe in Ihrem Darm zurück, die erneut in den Blutkreislauf gelangen und Ihre Zellen schädigen können. Kein Wunder, dass sie sich aufgebläht fühlen, Kopfschmerzen haben und müde sind. Mit der ältesten Heiltechnik der Geschichte – dem Einlauf – lässt sich das problemlos abstellen. Bei einer professionellen Darmreinigung kommt es bei einer Sitzung etwa 4- bis 6-mal zur Entleerung. Dabei werden Schlacken, Parasiten und Pilze entfernt und der Darm wird wieder durchfeuchtet, was wiederum die Verdauung fördert. Wenn Sie das lieber im stillen Kämmerchen machen, sollten Sie sich eine Klistierspritze oder einen Irrigator zulegen. Im Internet finden Sie entsprechende Anleitungen dazu. Sie können dem Wasser probiotische Bakterien zusetzen, aber auch Zitronensaft, Apfelessig, Weizengrassaft oder lauwarmen Bio-Filterkaffee.

Trockenbürsten

Wenn Sie Ihre Haut mit einer trockenen Naturfaserbürste mit feinen Borsten abbürsten, bevor Sie unter die Dusche gehen, bringen Sie Ihren Lymphfluss in Gang. Sie regen damit den Kreislauf an und befreien Ihre Haut von abgestorbenen Zellen. Trockenbürsten ist sehr angenehm und erfordert nicht mehr als 2 Minuten Zeit pro Tag. Fangen Sie bei den Händen und Füßen an. Bürsten Sie dabei immer zum Herzen hin. Tägliches Bürsten verbessert innerhalb von 30 Tagen Ihr Hautbild ebenso wie Ihre Cellulitis.

Verwenden Sie Nahrungsergänzungsmittel

Es gibt zahllose Nahrungsergänzungsmittel, die den Körper beim Entgiften unterstützen. Sehr gut bewährt haben sich:

- ***Chlorella-Algen:*** Sie reinigen das Blut und befreien den Darm von Giftstoffen wie Schwermetallen, Pestiziden und radioaktiven Teilchen.
- ***Zeolithpulver:*** Seine negative Ladung bindet viele Toxine und Schwermetalle, sodass sie ausgeschieden werden können. Dies macht Zeolithpulver zu einem ausgezeichneten Helfer, wenn Sie natürlich entgiften wollen.
- ***Klettenwurzel:*** Die Wurzel der Klette ist in der asiatischen Küche sehr beliebt. Sie reinigt Leber und Blut, hemmt Bakterien- und Pilzbefall, regt die Hauterneuerung an und unterstützt die Nierenfunktion. Klettenwurzeln sind ein wahres Entgiftungskraftpaket. Sie können zu Saft verarbeitet oder getrocknet und geschnitten mit heißem Wasser aufgegossen werden. Auch bei Arthritis und Hautproblemen kann ihre entgiftende und klärende Wirkung sehr hilfreich sein.
- ***Löwenzahlwurzel und -blätter:*** Die Wurzeln und Blätter des Löwenzahns unterstützen die Funktion von Leber, Nieren und Galle, wirken harntreibend, regen den Gallenfluss und die Produktion von Magensäften an, reinigen das Blut und stärken die Verdauung. Trinken Sie den Tee aus der Wurzel oder verzehren Sie die Blätter noch jung als Salat oder als leckere Beigabe für Ihren grünen Smoothie.
- ***Methylsulfonylmethan (MSM):*** Diese Schwefelverbindung unterstützt die Ausscheidung von Quecksilber und anderen gespeicherten Giftstoffen. Da das weiße Pulver hochwirksam ist und etwas bitter schmeckt, sollten Sie es zunächst niedrig dosieren: Beginnen Sie mit $^1/_8$ Teelöffel täglich und steigern die Menge allmählich auf 1 bis 2 Esslöffel (28 bis 55 Gramm) am Tag – aber nur, wenn sich keine Nebenwirkungen wie Durchfall oder Übelkeit einstellen. Verwenden Sie nur MSM pflanzlicher Herkunft.

Treiben Sie Sport

Sport gehört unverzichtbar zu einem gesunden Lebensstil. Er stärkt nicht nur Muskeln und Knochen, sondern trägt durch die starke Anregung der Kreislauftätigkeit und der Schweißausscheidung auch zur Entgiftung bei. Wenn Sie ein Detox-Programm machen oder fasten wollen, sollten Sie sich jedoch für weniger anstrengende Sportarten entscheiden. Auf keinen Fall aber sollten Sie auf Bewegung verzichten.

Saftfasten

Mit einem Fasten-Programm können Sie sich von Schlacken befreien, Sie verlieren an Gewicht und verschaffen dem System „Körper" einen echten Neustart. Wenn der Körper nicht mit Verdauungsarbeit beschäftigt ist, steht ihm mehr Energie für die Ausleitung krank machender Giftstoffe zur Verfügung. Daher verfügen wir während des Fastens über deutlich mehr Konzentration und Schwung. Andererseits gehen mit dem Entgiftungsprozess auch Kopfschmerzen, Müdigkeit und intensive Heißhungergefühle einher. Das ist ganz normal, denn zum einen leiden Sie unter Entzugserscheinungen von Ihrer gewohnten Industrienahrung, zum anderen setzt der Körper jahrelang im Fettgewebe gespeicherte Giftstoffe frei. Die ersten 3 Tage sind gewöhnlich die schwierigsten, deshalb sollten Sie eine Fastenwoche an einem Wochenende beginnen, das Sie zu Hause verbringen. Der Rest läuft dann wie von selbst.

Der Plan

Anfängern empfehle ich, nicht länger als 1 bis 5 Tage zu fasten. Wenn Sie schon Erfahrung damit haben, sind 6 bis 14 Tage eine gute Zeitspanne. Längere Fastenkuren hingegen sollten Sie nur unter Anleitung eines Spezialisten durchführen. Penni Shelton gibt in ihrem Buch *Raw Food Cleanse* (siehe „Literaturverzeichnis", Seite 169) Tipps zum Fasten im Alleingang. Oder Sie tauschen im Internet in verschiedenen Foren und Blogs Erfahrungen mit Gleichgesinnten aus.

Die beste Zeit fürs Fasten ist der Übergang zwischen den Jahreszeiten, vor allem im Frühjahr und Herbst, wenn es schon oder noch warm ist und frisches Obst und Gemüse überall erhältlich ist. Ich empfehle meinen Klienten, sich in der Fastenzeit auszuruhen. Ein bisschen körperliche Bewegung wie Yoga, *Rebounding*, Spazierengehen oder Radfahren tut allerdings gut.

So geht's:

- Trinken Sie jeden Tag 12 bis 16 Tassen (3 bis 4 Liter) oder mehr frisch gepresste Säfte. Um den Organismus gleichmäßig zu versorgen, sollten Sie morgens, mittags, nachmittags und abends jeweils 4 Tassen (1 Liter) trinken.
- Wenn Sie wegen eines Candida-Pilzbefalls fasten oder Blutzuckerprobleme haben, sollten Sie Fruchtsäfte jedoch meiden, mit Ausnahme solcher, die wenig Zucker enthalten wie Zitronensaft, Limettensaft und Saft von grünen Äpfeln.
- Kauen Sie Ihren Saft. Verteilen Sie grüne Säfte mit der Zunge über die Zähne und kauen Sie die Flüssigkeit, um Ihr Gebiss zu remineralisieren und die Verdauungssäfte anzuregen. So kann ihr Körper die Nährstoffe besser aufnehmen.
- Ich trinke beim Fasten zudem täglich 240 bis 480 Milliliter Mandel- oder Cashewmilch (siehe Seite 59). Die geringe Menge Fett, da darin enthalten ist, erleichtert den Einstieg ins Fasten.

Um die Verdauung in Gang zu halten, rate ich Ihnen, ein leichtes pflanzliches Abführmittel zu nehmen, das keine Krämpfe hervorruft, wie zum Beispiel das übers Internet erhältliche Produkt von *Healthforce Nutritionals*. Auch eine Darmreinigung vor und nach dem Fasten sowie ein täglicher Einlauf sind zu empfehlen.

Das Fastenbrechen

Die Rückkehr zu fester Nahrung am Ende des Fastens sollte ganz allmählich erfolgen. Beim Fasten schaltet der Körper automatisch einen Gang zurück. Wenn Sie sich zum Abschluss Ihrer Fastenkur dann gleich eine ordentliche kalorienhaltige Mahlzeit genehmigen, wandern die Nährstoffe schnurstracks in die „ausgehungerten" Fettzellen. (Das ist der eigentliche Grund, warum Crash-Diäten nie funktionieren!) Außerdem fährt der Körper während des Fastens seine Magensäureproduktion herunter. Auch diese muss erst wieder angeregt werden. Fehlt es uns nun an Magensäure, können wir die aufgenommene Nahrung nicht richtig verdauen. Wenn Sie also zu schnell zu Ihren alten Ernährungsgewohnheiten zurückkehren, werden Sie sehr schnell wieder zunehmen und Ihren Körper überlasten. Diese Warnung wollte ich Ihnen auf jeden Fall mit auf den Weg geben!

Um die Dauer des Fastenbrechens zu berechnen, teilen Sie die Anzahl der Fastentage durch 2. Wenn Sie beispielsweise 6 Tage gefastet haben, sollten Sie für das anschließende Fastenbrechen 3 Tage einplanen.

Die erste Mahlzeit nach Ihrer Fastenkur sollte aus einer rohen Mahlzeit mit nur einer Obstsorte bestehen, zum Beispiel aus einer Schale Trauben oder – für die Wenig-Zucker-Fraktion – aus einem Teller Tomaten. Sie werden diese Mahlzeit genießen wie keine andere jemals zuvor. Und vergessen Sie nicht, gründlich zu kauen!

Am ersten Tag sollten Sie als weitere Mahlzeit nur noch einen Obst- oder Gemüse-Smoothie verzehren. Am nächsten Tag können Sie einfach Salate essen, zu denen Sie etwas Avocado geben, und mehr Smoothies trinken. Am Tag darauf können Sie dann schon Mahlzeiten mit höherer Energiedichte zu sich nehmen, aber achten Sie dabei ein bisschen auf die Größe der Portionen.

Und zu guter Letzt sollten Sie Ihren Hausarzt informieren, dass Sie vorhaben zu fasten. Klären Sie mit ihm auch ab, ob Ihr Gesundheitszustand dies zulässt.

Ein heißer Tipp! In letzter Zeit schießen die Saftbars wie Pilze aus dem Boden. Dort einen Saft zu sich zu nehmen kann im Notfall Zeit sparen, vor allem, wenn Sie unterwegs sind.

Fasten mit Smoothies

Manche Menschen empfinden Saftfasten als zu radikal. Wenn Sie zu diesen Menschen gehören, empfehle ich Ihnen, mit Smoothies zu fasten. Wie Säfte belasten Smoothies das Verdauungssystem nicht. Zwar ist die Tiefenreinigung beim Fasten mit Smoothies nicht ganz so gründlich wie beim Saftfasten, doch wenn Sie an Unterzucker leiden, kein intensives Entgiften brauchen, Ihr normales Leben nicht unterbrechen wollen oder einfach nur keinen Entsafter haben, ist Smoothie-Fasten die bessere Lösung. Ihr Stoffwechsel schaltet nicht auf Sparflamme wie beim Saftfasten, daher können Sie danach ohne Fastenbrechen gleich wieder ganz normal essen. Ein weiteres Plus ist, dass ein Smoothie schneller hergestellt ist als 4 Liter Obst- oder Gemüsesaft.

Der Plan

Sie können 1 Tag lang Smoothie-Fasten, aber auch beliebig lange. 1 bis 2 Tage Fasten mit Smoothies helfen mir, wieder in Form zu kommen. Wenn ich ein bisschen abnehmen will, mache ich das Smoothie-Fasten 5 bis 7 Tage lang.

- Trinken Sie dabei 12 bis 16 Tassen (3 bis 4 Liter) Smoothies aus Obst und Gemüse am Tag, jeweils 1 Liter morgens, mittags, nachmittags und abends.
- Wenn Sie wegen eines Candida-Pilzbefalls fasten oder Blutzuckerprobleme haben, sollten Sie jedoch zuckerhaltiges Obst in Ihren Smoothies vermeiden. Verwenden Sie Erdbeeren oder grüne Äpfel oder machen Sie gleich Gemüse-Smoothies oder -suppen. Alle Smoothies in diesem Buch sind fürs Fasten geeignet. Das gilt auch für die gemixten Suppen wie Karotten-Ing-wer-Kokosnuss-Suppe (Seite 77), Blumenkohlsuppe mit Curry (Seite 81) und die Gurken-Basilikum-Suppe (Seite 74).
- Wenn Sie abnehmen wollen, sollten Sie allerdings nur wenig Avocado und Kokosnuss verwenden. Wollen Sie hingegen Ihr Gewicht halten, sollten Sie auf diese fetthaltigen Zutaten nicht verzichten.
- Verwenden Sie so wenig Salz wie möglich. Ihr Körper wird Wassereinlagerungen abbauen und Ihre Geschmacksknospen werden zu neuem Leben erwachen. Salzfrei zu essen ist wirklich gesund, vor allem, wenn Sie unter hohem Blutdruck leiden.

Sie können Ihre Smoothies auch mit Chiasamen andicken. Das verleiht ihnen mehr Substanz und damit auch mehr Ballaststoffe.

Wenn Sie an einem Smoothie-Detox-Programm unter Anleitung interessiert sind, empfehle ich Ihnen Dr. Ritamarie Loscalzos Online-Programm „Green Cleanse" (in englischer Sprache). Sie finden es auf *www.drritamarie.com/greencleanse#*.

Abnehmen mit Rohkost

Menschen entscheiden sich aus den unterschiedlichsten Gründen für Rohkost, doch die meisten meiner Klienten wollen auch ein paar Pfunde loswerden. Hier ein paar Tipps, wie das am besten gelingt.

Nehmen Sie wenig Zucker zu sich

Meiden Sie stark zuckerhaltige Früchte wie tropische Früchte oder Datteln. Auch Agavendicksaft sollten Sie nur sparsam verwenden. Dasselbe gilt für Haferflocken und andere Getreideprodukte.

Essen Sie nichts mehr nach 18 Uhr abends

Wenn Sie spät abends essen, wird die aufgenommene Nahrung bis zum Schlafengehen nicht mehr verdaut. Haben Sie hingegen Bedenken, dass Sie mit Rohkost zu viel Gewicht verlieren könnten, empfiehlt sich ein späterer abendlicher Imbiss, der aber nicht so üppig ausfallen sollte.

Schlafen Sie viel

Wenn Sie zu wenig Schlaf bekommen, kann Ihr Körper nicht die für die Fettverbrennung erforderlichen Hormone produzieren. Außerdem beeinträchtigt Schlafmangel die Funktion des Hormons Leptin, das unserem Gehirn signalisiert, dass wir keinen Hunger haben. Schlafen Sie also täglich mindestens 7 bis 8 Stunden.

Legen Sie Mini-Fastenperioden ein

Essen Sie abends nur leicht (zum Beispiel die Gurken-Basilikum-Suppe von Seite 74), lassen Sie das Frühstück ausfallen und gehen Sie morgens ins Fitness-Studio. Brechen Sie die Fastenperiode mit Salatwraps ganz ohne Fleisch (Seite 124). Essen Sie bis zu 2 Stunden nach dem Sport keinerlei Zucker. Machen Sie das 1- bis 2-mal pro Woche. Diese Mini-Fasten lässt den hGH-Spiegel *(Human Growth Hormones)*, der Ihnen beim Abnehmen hilft, um 1300 bis 2000 Prozent nach oben schnellen!

Machen Sie ein 7-tägiges Saft- oder Smoothie-Fasten

Auch Giftstoffe im Körper verhindern den Abbau von überschüssigem Fett. Wenn Sie schon alles versucht haben und immer noch mit Gewichtsproblemen kämpfen, suchen Sie am besten Ihren Arzt auf und lassen Ihren Hormonspiegel überprüfen. Auch zu viel Östrogen erschwert das Abnehmen. In diesem Fall hilft Ihnen vielleicht das Fasten-Programm zur Ausleitung von Xenoöstrogenen (siehe Seite 18).

Human Growth Hormone (hGH)

Das hGH oder *Human Growth Hormone* ist ein anaboles Hormon, das von der Zirbeldrüse produziert wird. Es spielt u. a. eine große Rolle für unsere Fettverbrennung und den Muskelaufbau. Es unterstützt die Gehirnfunktion und das Gedächtnis, zudem stärkt es die Knochen. Mit zunehmendem Alter sinkt die körpereigene Produktion deutlich. Sie können Ihre hGH-Produktion durch Schlaf, Sport und die entsprechende Ernährung gut auf natürliche Weise ankurbeln.

Schlaf

Unsere Hormonproduktion folgt einem bestimmten Rhythmus. HGH wird etwa alle 3 bis 5 Stunden freigesetzt, die größte Menge davon, während wir schlafen. Daher ist es wichtig, dass Sie wenigstens 7 bis 8 Stunden am Stück schlafen . Die stärkste hGH-Ausschüttung erfolgt 60 bis 90 Minuten nach dem Einschlafen und fällt besonders reichlich kurz vor und nach Mitternacht aus.

Sport

Was unsere sportliche Betätigung angeht, gibt es zwei Möglichkeiten, die hGH-Produktion zu stimulieren:

Intervalltraining

Das Intervalltraining ist ein Ausdauertraining, bei dem in eine gleichmäßige Grundbelastung immer wieder Belastungsspitzen von etwa 30 Sekunden eingebaut werden. Diese Art von Intervalltraining lässt sich übrigens auch als Spaziergang gestalten. Bauen Sie dabei 30-Sekunden-Einheiten ein, in denen Sie flott marschieren oder gar laufen (je nach Fitnesslevel), um danach in normaler Geschwindigkeit weiterzugehen. 4 bis 8 Belastungsspitzen pro Trainingseinheit und das 1- bis 2-mal pro Woche wären ideal.

Krafttraining

Trainieren Sie Ihre Muskeln mit Hanteln, Kettlebells oder an entsprechenden Geräten. Mehr Muskelmasse bedeutet: eine höhere hGH-Ausschüttung. Gehen Sie zum Trainieren ins Fitness-Studio. 2-mal pro Woche reichen völlig aus.

Ernährung

Sobald sich Insulin im Blut befindet, wird die hGH-Ausschüttung eingestellt. Daher ist es von zentraler Bedeutung, den eigenen glykämischen Index niedrig zu halten.

Essen Sie wenig Zucker, vor allem vor und nach dem Training. Dazu gehören auch Fruchtzucker und Stärkemoleküle, wie sie in Nudeln und Reis enthalten sind. Eine sinnvolle Mahlzeit nach dem Training wäre zum Beispiel ungesüßte Vanille-Cashew-Hanf-Milch (Seite 59) und ein Salat wie der Cremige Grünkohlsalat (Seite 106).

Süßes und Stärkehaltiges vor dem Schlafengehen bremst die hGH-Ausschüttung. Ihre letzte Mahlzeit sollten Sie mindestens 3 Stunden vor dem Schlafengehen zu sich nehmen und ein großes Abendessen 4 bis 5 Stunden vor dem Zubettgehen.

Keine Knabbereien zwischendurch. Ihre hGH-Ausschüttung erhöht sich merklich, wenn Sie nur zu den Hauptmahlzeiten essen. Essen Sie genug, damit Sie für die nächsten 4 bis 5 Stunden satt sind und nicht zwischendurch noch etwas brauchen.

Stress und so weiter senkt den hGH-Spiegel ebenfalls und erhöht umgekehrt den Kortisonspiegel. Je ausgewogener Sie leben, desto besser werden Sie mit Ihrem Alltagsstress fertig, der dann wiederum Ihre Ernährungsgewohnheiten und Ihr Wohlgefühl weniger stark beeinflusst.

Xenoöstrogene

Xenoöstrogene sind östrogenähnliche chemische Verbindungen, die dem weiblichen Hormon im Körper ähnlich sind. Der Östrogenspiegel steigt bei Männern und Frauen gleichermaßen, wenn sie Chemikalien wie Bisphenol A (BPA) ausgesetzt sind, die sich zum Beispiel in Plastikflaschen finden, aber auch in der Innenbeschichtung von Getränkedosen und Tetra-Paks sowie auf Quittungen von Registrierkassen. Andere Quellen für Xenoöstrogene sind Erdölprodukte wie Plastik, Kochgeschirr aus Kunststoff, Teflonbeschichtungen, Styropor, Pestizide, Insektizide, Lösungsmittel, Farben, Kosmetik- und Hygieneprodukte. Zu viel Östrogen im Körper kann zu Brustkrebs, Myomen, Endometriose, Zysten und vielem mehr führen.

Xenoöstrogene reduzieren

Lassen Sie die Finger von Plastikbehältern und -flaschen. Verwenden Sie stattdessen BPA-freie Kunststoff- oder Glasflaschen.

Verwenden Sie keine handelsüblichen Waschmittel und Weichspüler.

Kaufen Sie Lebensmittel aus biologisch-organischem Anbau.

Meiden Sie Parabene, Phthalate und Phenoxyethanol, die in vielen Kosmetik- und Hygieneartikeln enthalten sind.

Finger weg von Industriechemikalien. Damit meine ich Farben, Lacke, Bleichmittel, Nagellack und -entferner.

Überschüssiges Östrogen ausleiten. Essen Sie zum Beispiel Kohl, Grünkohl, Brokkoli und Pak Choi. Diese Kohlsorten enthalten Indol-3-Carbinol, das Fremdöstrogene ausleitet und Sie wieder ins hormonelle Gleichgewicht bringt.

Wie Sie Ihren Heißhunger verstehen lernen

Der Heißhunger untergräbt unser Bemühen um eine gesunde Ernährung. Doch Hungerattacken sind zunächst einmal nur Botschaften Ihres Körpers und als solche nicht negativ, da sie Ihnen lediglich mitteilen, dass Ihr Körper nach etwas Bestimmtem verlangt. Dieses Verlangen spielt sich auf zwei Ebenen ab: körperlich und seelisch.

Körperliches Verlangen kann ein Anzeichen für Mineralstoffmangel, eine Sucht, Dehydrierung oder Energiemangel sein.

Mineralstoffmangel

Beginnen Sie Ihren Tag mit einem mineralstoffreichen grünen Saft oder Smoothie. Auch Algenpulver als Nahrungsergänzungsmittel kann sinnvoll sein. Wenn Ihr Körper alle Vitalstoffe bekommt, die er braucht, verschwindet auch das Hungergefühl.

Nahrungsmittelsüchte

Industriell verarbeitete Nahrung wird so „designt", dass unser Körper davon immer mehr haben will. Wenn Sie ohne ein bestimmtes Nahrungsmittel scheinbar absolut nicht mehr auskommen können, hat es möglicherweise einen drogenähnlichen Effekt, der tatsächlich suchterzeugend wirkt. Selbst weitgehend natürliche Nahrungsmittel wie Weizen oder Käse stimulieren die Dopaminproduktion im Körper. Der beste Weg, Nahrungsmittelsüchte loszuwerden, ist ein Radikalentzug, den Sie abmildern können, indem Sie Ihrem Gaumen herrlich gesunde Geschmackserlebnisse anbieten.

Energiemangel

Meist tritt Heißhunger auf, wenn wir uns schlapp fühlen. Und gerade dann greifen wir gern zu Zucker. Unser Körper weiß, dass dies der schnellste Weg zu mehr Energie ist. Am Abend würde ich Ihnen empfehlen, einfach zu Bett gehen, und am Nachmittag können Sie vielleicht ein kurzes Nickerchen machen. Ein grüner Saft bringt mehr Sauerstoff ins Blut, was Ihnen ebenfalls neue Energie schenkt.

Zu wenig Wasser

Häufig nehmen wir gar nicht wahr, dass wir durstig sind, und halten unser Verlangen für Hunger. Daher sollten wir, wenn wir eine Hungerattacke verspüren, immer erst ein Glas Wasser trinken und abwarten, ob wir dieses Verlangen auch ein paar Minuten später noch haben.

Niedriger Leptinspiegel

Leptin ist unser Hungerhormon. Es wird in den Fettzellen gebildet und signalisiert dem Körper, wenn wir genug gegessen haben. Sobald unsere Fett- (bzw. Energie-) Reserven absinken, steigt unser Appetit. Wenn wir genug Reserven haben, empfinden wir weniger Hunger. Haben Sie es schon erlebt, dass Sie ordentlich gegessen haben und bereits eine Stunde später wieder hungrig waren? Das bedeutet, dass Ihr Leptinspiegel zu niedrig ist oder dass Sie eine Leptinresistenz entwickelt haben. Dann zirkuliert zwar eine Menge Leptin in Ihrem Körper, doch dieser reagiert nicht mehr darauf. Die Leptinproduktion und -sensitivität lässt sich auf natürliche Weise anregen, wenn wir nach dem Abendessen nichts mehr zu uns nehmen, nachts regelmäßig ausreichend schlafen und unsere Ernährung anpassen.

Candida-Pilzbefall

Der Candidapilz lebt von Zucker. Je mehr er den Körper im Griff hat, desto mehr Verlangen nach Zucker empfinden Sie. In diesem Fall sollten Sie probiotische Lebensmittel verzehren wie Kokos-Kefir oder Sauerkraut. Dann lässt das Verlangen nach Zucker gewöhnlich schon innerhalb eines Tages nach.

Nahrungsreste im Mund

Alle Nahrungsreste, die nach einer Mahlzeit im Mund verbleiben, regen Heißhungeranfälle an. Kauen Sie ausnahmsweise einmal ein Xylitolkaugummi, wenn Sie sich die Zähne nicht putzen können.

Seelisches Verlangen nach bestimmten Nahrungsmitteln entsteht bei Stress, Langeweile und seelischem Schmerz.

Stress

Stress lässt den Kortisonspiegel ansteigen, was zu Heißhunger führt. Hier ist Stressmanagement angezeigt: regelmäßiger Sport, Spaziergänge, Meditation, Atemübungen oder ein langes Gespräch mit dem Partner oder der Freundin.

Langeweile

Auch Langeweile führt zu Heißhunger. Wenn Sie essen, weil Sie sich langweilen, sollten Sie etwas tun, was Ihnen Spaß macht.

Seelischer Schmerz

Manchmal überdecken wir unseren seelischen Schmerz, indem wir essen – entweder weil es uns im Leben an Freude mangelt oder weil wir ein tief sitzendes Unbehagen verdrängen wollen. Doch das gute Gefühl nach dem Essen vergeht schon bald wieder und an der grundlegenden Situation hat sich nichts geändert. Abhilfe ist hier nur dann möglich, wenn wir an unserem Leben etwas ändern. Ein guter Ernährungsberater oder Psychotherapeut kann Ihnen helfen, den wunden Punkt zu finden.

Eine letzte Bemerkung zum Thema „Heißhunger"

Verbannen Sie Junk- und Triggerfood aus Ihrer Küche. Kaufen Sie Dinge mit „Nonstop-Faktor" erst gar nicht ein. Das gilt auch für Rohkost-Schokolade, -Kuchen oder -Kekse!

Achtsam essen

Wir sind es heute nicht mehr gewohnt innezuhalten, um der Qualität unserer Nahrung Achtsamkeit und Wertschätzung zu schenken. Doch wenn wir einen Gang herunterschalten, uns zum Essen Zeit nehmen und uns die Beschaffenheit unserer Nahrung bewusst machen, wenn wir mit Freunden oder allein genießen, was da vor uns steht, dann ist die Gefahr sehr viel geringer, dass wir zu viel essen, gleichzeitig aber unserem Körper nicht genügend Nährstoffe bieten.

Meine Tipps für eine göttliche Mahlzeit:

Bereiten Sie Essen stets mit Liebe und Achtsamkeit zu

Es gibt sie noch, die viel zitierten *good vibrations*, und daher macht es durchaus Sinn, sie bei allem, was wir denken, sagen und tun, weiterzugeben. Wenn ich für meine Familie und meine Freunde koche, füge ich dem Ganzen eine ordentliche Portion „Vitamin Liebe" hinzu. Die meisten von uns haben schon die Erfahrung gemacht, dass ein kleines Gebet vor dem Essen allen mehr Energie und Freude schenkt.

Essen Sie nicht, wenn Sie schlecht drauf sind

Der Darm enthält zahllose Nervenzellen, die über dieselben Neurotransmitter angesprochen werden, die in unserem Gehirn wirken. Dieses „kleine Gehirn" ist über den Vagusnerv mit dem Gehirn in unserem Kopf verbunden. Hat das eine Stress, reagiert auch das andere. Wenn Sie aufgeregt sind, „verknotet" sich Ihr Magen und hört auf zu verdauen. An diesem Punkt sollten Sie besser nichts essen, weil Sie sonst nur Verdauungsprobleme bekommen. Der Körper ist dann einfach nicht bereit, Nährstoffe aufzunehmen. Zu essen, wenn wir gestresst, traurig oder übererregt sind, um unsere Emotionen zu betäuben, ist eine äußerst schlechte Angewohnheit. Diese Art von „emotionalem Essen" führt meist nur zu Fressattacken und Übergewicht. Dies zieht wieder Schuldgefühle nach sich, weil wir uns so wenig im Griff haben. Wenn Sie sich aufgeregt haben, sollten Sie besser einen Spaziergang machen. Lassen Sie einfach die frische Luft und die Sonne ihr Werk tun. Oder ziehen Sie sich in ein ruhiges Zimmer zurück und machen Sie ein paar Atemübungen. Sobald Sie wieder im Lot sind, können Sie auch Ihre Mahlzeit genießen.

Kauen Sie alles gut, bevor Sie es schlucken

Ihr Magen hat keine Zähne. Sie sollten ihm die Arbeit erleichtern, indem Sie Ihre Nahrung so leichtverdaulich wie möglich machen. Trotzdem müssen Sie nicht jedes Mal bis 30 zählen, wenn Sie einen Bissen kauen.

Kein Fernsehen oder Lesen während des Essens

Diese Art von achtloser Ernährung ist heutzutage der Hauptgrund für Übergewicht. Idealerweise sollten wir essen, ohne abgelenkt zu sein. Nehmen Sie Ihre Nahrung mit allen Sinnen auf: mit den Augen, mit der Nase, mit dem Gaumen

10 Tipps für ein gesundes Leben – roh und einfach

Sich bester Gesundheit zu erfreuen ist nicht allein eine Frage der Ernährung. Ein paar einfache Tipps können unsere Lebensqualität erheblich verbessern.

Trinken Sie viel Wasser

Trinken Sie pro Tag 6 bis 8 Gläser sauberes, gefiltertes Wasser. 2 Gläser davon sollten Sie gleich nach dem Aufwachen, also noch vor dem Frühstück, zu sich nehmen. Das schenkt Ihnen Energie, dämpft falsche Hungergefühle und durchspült die Nieren.

Jeden Tag ein bisschen Bewegung

Wenigstens 20 Minuten lang sollten Sie sich täglich Bewegung verschaffen: Walken, Joggen, Radfahren, Stretching, Spazierengehen, *Rebounding* – was auch immer Ihnen Spaß macht. Körperliche Bewegung durchflutet den Körper mit Sauerstoff, regt den Lymphfluss an und macht den Kopf frei.

Sorgen Sie für Frischluft

Lüften Sie regelmäßig Ihre Wohnung, um die verbrauchte, stehende Luft gegen frische auszutauschen. Selbst mitten im Winter sollten Sie die frostig kalte Luft hereinlassen, um das Raumklima zu verbessern.

Schlafen, schlafen und nochmals schlafen

Schlafen Sie jede Nacht mindestens 7 Stunden. Verbannen Sie das Handy aus dem Schlafzimmer oder stellen Sie es über Nacht ab, damit Sie im Schlaf nicht von elektromagnetischen Feldern umgeben sind. Wissenschaftler haben herausgefunden, dass Handystrahlung die Gehirnwellen selbst dann beeinflusst, wenn Sie nicht telefonieren. Auch Funkuhren und Lampen sollten Sie vom Netz trennen, wenn Sie schlafen. Ihr Schlafzimmer ist ein Heiligtum. Halten Sie es frei von Strahlung und Umweltgiften.

Stressmanagement

Zum Beispiel durch Meditation, Gebet, Spaziergänge oder Gespräche mit Freunden. Tun Sie, was auch immer Ihnen hilft, den Kopf frei zu bekommen. Bei Stress wird zu viel vom Stresshormon Kortison freigesetzt. Das belastet unsere Drüsen, vermehrt das Bauchfett, bringt unseren Hormonspiegel durcheinander und macht uns älter. Stress ist eine der Hauptursachen für Herzkrankheiten, Schlaflosigkeit, Verdauungsprobleme, Depression und Fettleibigkeit.

Saugen Sie das Sonnenlicht ein

Sie müssen vor der Sonne keine Angst haben. Verbringen Sie täglich 10 bis 15 Minuten in der Sonne – ohne Sonnencreme. Damit kurbeln Sie die körpereigene Produktion von Vitamin D an, das Knochenaufbau und Immunsystem maßgeblich beeinflusst. Sonnenlicht heilt Akne und verbessert unsere Stimmung. Es setzt Serotonin und Melatonin frei, regelt unseren Schlafrhythmus und schützt uns vor Winterblues.

Bleiben Sie geerdet

Gehen Sie ruhig einmal barfuß im Garten oder im Park spazieren, um den Erdboden wieder unter den Füßen zu spüren. Offensichtlich trägt dies dazu bei, dass wir die elektromagnetische Strahlung, der wir durch Handymasten, Radio- und Fernsehtürme, aber auch durch Computer und Haushaltsgeräte ausgesetzt sind, wieder loswerden. Natürlich können Sie auch Matratzenauflagen oder Bettdecken kaufen, die Sie davor schützen, aber jeden Tag barfuß durchs Gras (oder über den Asphalt) zu gehen kostet Sie nicht einen Cent. Ich ziehe mir nach jedem Flug die Schuhe aus und bleibe ein paar Minuten barfuß stehen. Das baut negative Energie ab und harmonisiert unsere innere Uhr wieder. Versuchen Sie es doch bei Ihrem nächsten Flug und achten Sie dann darauf, wie schnell Sie sich vom Jetlag erholen.

Wer ist wichtig in Ihrem Leben?

Machen Sie den wirklich wichtigen Menschen in Ihrem Leben klar, was sie Ihnen bedeuten. Zeigen Sie ihnen, wie sehr Sie sie schätzen. Tun Sie es für die anderen, aber auch für sich selbst. Ist es nicht schön, wenn einem jemand sagt, wie viel man ihm bedeutet? Verteilen Sie Liebe in Ihrem Leben.

Seien Sie nicht nachtragend

Schleppen Sie nicht alten Ärger mit sich herum. Das schafft nur Stress, erhöht den Kortisonspiegel, vertreibt den Schlaf und erschöpft uns geistig und auch emotional. Wenn jemand Ihnen Unrecht getan hat, vergeben Sie ihm oder ihr – selbst wenn derjenige Sie nicht darum bittet. Das Leben ist einfach zu kurz, um es mit Gedanken über die Fehler anderer Leute zu verschwenden. Vergeben Sie, vergessen Sie und auf geht's zu neuen Ufern.

Wie viel Fernsehen, Zeitschriften, Internet und soziale Medien brauchen Sie?

Katastrophen in den Nachrichten, Modells, die grafisch retuschiert wurden, damit wir uns noch dicker und schwerer fühlen, der tägliche Informations-Overflow im Internet und das Smartphone, das wir nicht eine Sekunde zur Seite legen können: Wäre es nicht besser, sich davon hin und wieder einmal eine Auszeit zu gönnen? Gehen Sie raus in die wirkliche Welt, statt ständig nur auf irgendeinen Bildschirm zu starren! Lassen Sie das Handy zu Hause und toben Sie sich mit Freunden am See aus! Reden Sie über das wirkliche Leben, schauen Sie sich Körper von ganz realen Menschen an, genießen Sie die frische Luft und den Boden unter Ihren Füßen.

Rohkost-Fallstrick Nummer eins: zu viel Zucker

Nachdem ich mein erstes Buch fertiggestellt hatte, meldete meine Akne sich wieder. Ich probierte alle möglichen Nahrungsergänzungsmittel, Kosmetikprodukte und Kräutersäfte aus, doch nichts half. Ich war unendlich frustriert. Obwohl ich den Übeltäter direkt vor Augen hatte, gelang es mir nicht, zu realisieren, dass ich einfach zu viel Zucker zu mir nahm. Ich aß so viel Obst, Agavendicksaft, Datteln, Gojibeeren, Ahornsirup und Trockenfrüchte, dass mein Körper sich einen Candidapilz einfing. So trieb ich regelmäßig meinen Blutzucker- und Insulinspiegel in die Höhe, was zu einer übermäßigen Produktion von Hefen im Körper führte und mein Hormon- und Verdauungssystem durcheinanderbrachte.

Zum Glück besuchte ich damals einen Vortrag von Donna Gates, die das Buch *The Body Ecology Diet* geschrieben hatte (siehe „Literaturverzeichnis", Seite 169). Sie ist Spezialistin im natürlichen Umgang mit Candidapilz. Gates schätzt, dass etwa 80 Prozent der Bevölkerung unter diesem Pilz leiden, weil wir zu viel Zucker essen und zu wenig gesunde Darmbakterien haben.

Candida-Befall kann sich in den unterschiedlichsten Symptomen äußeren. Einige der bekannteren sind:

- Verlangen nach Zucker
- Konzentrationsprobleme
- schlechtes Gedächtnis
- Energiemangel
- Reizbarkeit und Müdigkeit
- Akne
- Blähungen
- Migräne
- Atemwegserkrankungen
- Reizdarmsyndrom
- chronische Darmentzündung
- hormonelle Störungen
- Hefepilzinfektionen

Candidapilze sind symbiotische Keime, die in bestimmten Mengen unsere gesunde Mundflora sowie andere Schleimhäute, unsere Haut, unser Blut und auch das Verdauungssystem besiedeln. Erst wenn sich diese Keime rasant vermehren, kommt es zu einem pathogenen Pilzbefall – in den meisten Fällen zu einer *Candida albicans*-Infektion. Man kann den Candidapilz aushungern, indem man probiotische Nahrungsmittel verzehrt und sich von zucker- und stärkehaltigen Lebensmitteln fernhält. Es dauert etwa 1 bis 3 Monate, um den Pilz unter Kontrolle zu bringen. Bei schwerwiegenden Problemen mit *Candida albicans* sollten Sie diese zuckerarme, probiotische und basische Ernährung unbedingt über einen längeren Zeitraum fortführen.

Als ich schließlich alle Formen von Zucker aus meiner Ernährung verbannt hatte und täglich fermentierte Nahrung (zum Beispiel Kokos-Kefir) zu mir nahm, ging es mir schnell besser.

Ich erzielte mit folgendem Plan die besten Ergebnisse:

- Jeden Morgen ¼ Tasse (60 ml) Kokos-Kefir,
- zum Frühstück, Mittag- und Abendessen jeweils ½ Tasse (120 ml) milchsauer eingelegtes Gemüse oder vor der Mahlzeit ¼ Tasse (60 ml) Kokos-Kefir,
- vor dem Zubettgehen ¼ Tasse (60 ml) Kokos-Kefir.

Zudem ernährte ich mich zuckerfrei mit hohem Rohkostanteil und hatte schon innerhalb von 3 Wochen ein sehr viel besseres Hautbild, bessere Blutzuckerwerte, einen ausgeglicheneren Hormonspiegel und weniger Verdauungsprobleme.

Wie Sie Kokos-Kefir und andere fermentierte Lebensmittel herstellen, erfahren Sie auf Seite 134 ff. Kimchi ist ebenfalls sehr zu empfehlen. Weitere Rezepte für fermentierte Lebensmittel finden Sie in meinem ersten Buch *Going Raw* (siehe „Literaturverzeichnis", Seite 169).

Noch ein paar Tipps zum Candidapilz

Das Weglassen von Zucker und der Verzehr von probiotischen Lebensmitteln sind die wichtigsten Schritte, wenn Sie unter Candida-Pilzbefall leiden. Doch Sie können noch mehr tun:

- Essen Sie vor allem Rohkost.
- Trinken Sie tagsüber so viel frisches Wasser wie möglich. Fangen Sie den Tag mit 2 Gläsern Wasser mit Zitronensaft und 1 Prise Cayennepfeffer an. So stimulieren Sie Ihre Darmperistaltik, unterstützen die Nieren und leiten die Schlacken aus.
- Sagen Sie dem Stress den Kampf an. Er macht den Körper sauer, schwächt das Immunsystem und sorgt für einen erhöhten Kortison- und Blutzuckerspiegel – die dem Candida-Befall wiederum Tür und Tor öffnen.
- Vorsicht Antibiotika! Achten Sie bei ihrer Einnahme darauf, vermehrt probiotische Lebensmittel zu verzehren.
- Greifen Sie nicht zur Anti-Baby-Pille. Ein Mehr an Östrogen fördert den Candida-Befall.
- Achten Sie darauf, sich stets ballaststoffreich zu ernähren. Und machen Sie täglich einen Einlauf, wenn Sie aufgrund des Candida-Befalls an Verstopfung leiden. Schon nach zwei Wochen wird sich Ihr Hautbild deutlich verbessern.
- Meiden Sie Alkohol, Koffein, Milchprodukte, Gluten, Eiklar und rotes Fleisch. Sie geben dem Candidapilz neues Futter.

Zucker und Insulin

Zucker regt die Bauchspeicheldrüse an, Insulin auszuschütten. Dieses Hormon sorgt dafür, dass der Blutzucker in unsere Zellen gelangt, wo er zur Energiegewinnung genutzt werden kann. Da unsere übliche Ernährung so viel Zucker und Stärke enthält, schüttet die Bauchspeicheldrüse mehrmals am Tag Insulin aus. Und das ist die Ursache für verschiedene gesundheitliche Probleme.

Übergewicht und Diabetes Typ 2

Zu viele Insulinspitzen (Hochschnellen des Insulinspiegels) über den Tag verteilt verursachen Übergewicht und Insulinresistenz. Der Blutzuckerspiegel sinkt schnell wieder ab und löst Heißhungergefühle aus, die sich nur mit Zucker und anderen Kohlehydraten befriedigen lassen. Normalerweise greifen wir dann nach schnell verfügbarer Energie – Zucker. Mit dem darauffolgenden Abfall des Blutzuckerspiegels verursachen wir jedoch eine weitere Insulinspitze und weitere Hungerattacken. Dieser Zyklus führt am Ende zur Insulinresistenz, bei der die Zellen auf das Insulin im Blut nicht mehr ansprechen, wodurch die Bauchspeicheldrüse immer mehr Insulin ausschüttet. Schließlich sorgt das Insulin dafür, dass der überschüssige Zucker als Fett gespeichert wird. Diese Kettenreaktion führt zu krankhafter Fettleibigkeit, Diabetes Typ 2 und vorzeitigem Altern. Glücklicherweise kann man Typ-2-Diabetes mit der richtigen Ernährung in den Griff bekommen. Der amerikanische Dokumentarfilm *Simply Raw. Reversing Diabetes in 30 Days* zeigt, wie sechs Diabetiker ihre Krankheit durch eine zuckerfreie, rohköstliche Ernährung besiegen.

Hormonstörungen

Eine Insulinresistenz wirkt sich auch auf andere hormonelle Regelkreise aus. Bei Männern beispielsweise wandelt ein Zuviel an Insulin das männliche Sexualhormon Testosteron in Östrogen um. Das Bauchfett (der klassische Bierbauch) nimmt zu, gleichzeitig wachsen den Herren Brüste. Bei Frauen bewirkt die Insulinresistenz ebenfalls einen Östrogen-Überschuss, was zu Myomen, polyzystischem Ovarialsyndrom und sprießender Gesichtsbehaarung führt.

Verringerte Produktion von hGH

Überschüssiges Insulin hemmt die Produktion des *Human Growth Hormone*. Dieses Hormon trägt zur Fettverbrennung und zum Muskelaufbau bei. Ist Ihr hGH-Spiegel hoch, fühlen Sie sich prima und sehen gut aus. Auf Seite 18 f. finden Sie Tipps, wie Sie die hGH-Produktion steigern können.

Mehr Krebszellen

1931 erkannte Arzt und Nobelpreisträger Otto Warburg, dass Krebszellen sich vom Blutzucker ernähren. Es gibt Hinweise darauf, dass eine zuckerfreie Diät die Entstehung von Krebszellen hemmt. Tatsächlich braucht es Jahre, bis Krebszellen sich im Körper als Tumor bemerkbar machen. Je eher wir in diesen Prozess eingreifen, umso besser sind unsere Chancen, ihm vorzubeugen bzw. ihn zu verlangsamen. Indem wir zuckerfrei essen, täglich grüne Säfte trinken und unverfälschte, rohe und basische Nahrung zu uns nehmen, können wir uns vor der Seuche „Krebs" schützen.

Ein Leben ohne Zucker

Sport und bewusste Ernährung sind für die Gesundheit wesentlich.

Sport

Durch Sport machen wir unsere Zellen empfänglicher für Insulin. Täglich 20 Minuten helfen schon, um den Blutzuckerspiegel stabil zu halten.

Ernährung

Wenn Sie immer noch Lebensmittel zu sich nehmen, die Maissirup enthalten, hören Sie am besten sofort damit auf. Jetzt! Außerdem sollten Sie alle Produkte weglassen, die raffinierte Auszugsmehle enthalten, wie etwa Weißbrot, Gebäck, geschälten Reis und Nudeln. Ernähren Sie sich stattdessen natürlich mit Vollkornprodukten und Rohkost. Sie können sich zudem zuckerfrei und probiotisch ernähren, wenn Sie 100 Prozent Rohkost verzehren. Allerdings sollten Sie, wenn Sie Obst weglassen, Ihre Kalorien aus anderen Quellen beziehen, vorzugsweise aus Fetten. Da ich das Körpergefühl nicht mochte, das fettreiche Nahrung mir gab, habe ich zunehmend schonend gegarte Gemüse, Kürbisse, Wurzelgemüse und Quinoa in meine Ernährung eingebaut. Ich habe viele meiner Rezepte aus *Going Raw* (siehe „Literaturverzeichnis", Seite 169) so umgestellt, dass sie gezielt das körperliche Wohlbefinden steigern. Agavendicksaft und Datteln habe ich beispielsweise durch Xylitol und Stevia ersetzt. Die Rezepte in diesem Buch lassen Ihnen viel Spielraum.

Ein bisschen Zucker ist wirklich in Ordnung, aber Sie sollten Ihre persönliche Grenze kennen. Wenn Ihr Blutzuckerspiegel starken Schwankungen ausgesetzt ist und Sie sich nach dem Verzehr von Süßigkeiten und raffinierten Kohlehydraten häufig matt fühlen, sollten Sie darauf verzichten. Grüne Smoothies mit viel zuckerarmen Obst sind hier perfekt.

Ein kleiner Tipp: Trinken Sie vorher Kefir oder andere Probiotika, dann haben Sie gute Bakterien getankt, die den Zucker aufnehmen können.

Kapitel 2

Die Rohkostküche

Der beste Rat, den ich künftigen Rohköstlern mit auf den Weg geben kann, ist: Kaufen Sie immer nur Zutaten in bester Qualität. Meine Vorratskammer platzt fast aus den Nähten vor frischen Lebensmitteln aus biologisch-organischem Anbau, Kräutern und Gewürzen sowie köstlichen kalt gepressten Ölen. Da wir den natürlichen Geschmack unserer Nahrungsmittel nicht durch Erhitzen verändern, arbeiten wir nur mit ihrem wahren, unverfälschten Aroma. Gönnen Sie sich davon also das Beste, was Sie bekommen können. Selbst wenn Sie vielleicht keine Profikoch-Ambitionen haben, einkaufen sollten Sie dennoch wie ein solcher.

Tipps für Ihren Einkauf

Kaufen Sie Produkte aus biologisch-organischem Anbau

Bio-Obst und -Gemüse enthalten nachweislich mehr Mineralstoffe und sekundäre Pflanzenstoffe, weil sie auf gesünderen Böden wachsen. Außerdem werden auf Bio-Äckern keine Kunstdünger, Pestizide und Fungizide ausgebracht. Leider lassen sich nicht alle Pestizide einfach durch Abwaschen beseitigen. Fungizide, die in die Erde ausgebracht wurden, hat die Pflanze eingelagert, vor allem, wenn es sich um Wurzelgemüse handelt. Man kann sie also im Nachhinein nicht einfach wieder loswerden. Natürlich kann sich nicht jeder leisten, alle Nahrungsmittel im Biomarkt zu kaufen. Bei einigen Lebensmitteln aber ist dies wirklich entscheidend. Informieren Sie sich darüber, zum Beispiel in der Broschüre von Greenpeace: „Essen ohne Pestizide", wo 76 Obst- und Gemüsesorten begutachtet werden. Sie können den Ratgeber als PDF im Internet herunterladen oder kostenlos bestellen unter: *https://service.greenpeace.de/ueber_uns/foerderer_service/neuen_pestizid_ratgeber_bestellen/*.

Außerdem unterstützen Sie durch den Kauf von Bioprodukten die Bauern vor Ort, die sich bemühen, Ihnen stets frische regionale Ware zu liefern. Sie schützen damit sich selbst, Ihre Familie und die Umwelt. Woher aber wissen Sie, ob das Obst und Gemüse, das Sie eingekauft haben, auch wirklich aus biologisch-organischem Anbau stammt? Ihr Händler muss die angebotene Ware entsprechend deklarieren. Und wenn sie „bio" ist, wird er dies – schon aus Werbegründen – auch draufschreiben.

Kaufen Sie regionale Produkte

Vieles von dem, was uns als Frischware in Supermärkten angeboten wird, wurde in Wirklichkeit schon Wochen vorher geerntet, zum Schnellreifen mit Ethylen begast und um die halbe Welt transportiert. Wenn Sie wirklich frische Ware zu einem fairen Preis haben wollen, sollten Sie sich an Naturkostläden und Wochenmärkte halten. Was dort verkauft wird, stand oft am Morgen noch auf dem Feld. Und meist ist es zudem auch billiger. Vielerorts gibt es regionale Anbaugemeinschaften, die ihre Produkte direkt an den Verbraucher liefern. Diese „Ökokisten" gibt es mittlerweile fast in jeder Stadt. Informieren Sie sich im Internet über diese günstige Möglichkeit, Bio-Obst und -gemüse zu beziehen. Im Angebot sind meist verschiedene Größen und Sie können wählen, ob Sie lieber mehr Obst oder mehr Gemüse haben wollen. Außerdem gibt es dort auch noch andere Bio-Lebensmittel. Häufig werden auch Arten und Sorten angeboten, die man nicht jeden Tag auf dem Markt findet. Ich bin jedes Mal wieder gespannt, was drin ist, wenn ich meine Kiste öffne.

Kaufen Sie saisonale Produkte

Sie kosten weniger und schmecken einfach besser. Es hat seinen ganz eigenen Reiz, das zu essen, was Mutter Natur uns zu einer bestimmten Zeit des Jahres schenkt. So gibt es im Frühling reinigende Nahrungsmittel wie zarte grüne Blätter, Zitronen, Orangen, Erdbeeren, Rhabarber und Löwenzahn. Das Frühjahr ist eine gute Zeit für ein Detox-Programm, zum Beispiel mit Saftfasten. Der Sommer schenkt uns kühlende Früchte wie Beeren, Wassermelonen, Pfirsiche, Tomaten, Gurken und Zucchini – die beste Zeit für ein paar Wochen 100-Prozent-Rohkost. Im Herbst und Winter bekommen wir Lebensmittel, die uns erden, wie Rote Bete, Karotten, Zwiebeln, Knoblauch, Süßkartoffeln, Kürbis und Kreuzblütler wie Kohl, Grünkohl und Rosenkohl. Die Nahrungsmittel der Saison zu essen ist eine alte östliche Tradition, die uns tief mit der Magie des Ortes verbindet, an dem wir leben, mit den Rhythmen der Natur und denen unseres Körpers. Ein schöner Weg, um gesund zu bleiben.

Finger weg von GVO!

Gentechnisch veränderte Organismen oder kurz „GVO" sind unaufhaltsam auf dem Vormarsch. Der politische Wille, sie aus unserer Ernährung zu verbannen, ist in Europa zwar ausgeprägter als in den USA, doch langsam beginnt er auch hier zu bröckeln. Die Hexenmeister der Gentechnik fügen Gene von Bakterien in die Erbmasse von Pflanzen ein, um so ungeziefer- und unkrautresistente Nutzpflanzen zu erhalten, die niemals durch natürliche Ausleseprozesse entstanden wären. Welche Auswirkungen dies auf den menschlichen Organismus hat, wurde nie wissenschaftlich überprüft. Andererseits gab es Untersuchungen an Labortieren, bei denen die Tiere, die GVO-Nahrung erhielten, in der 3. Generation unfruchtbar wurden. Auch zu Leberschäden, Organversagen, Allergien, Blutungen im Verdauungstrakt und Missbildungen kam es im Tierversuch. In den USA muss Gentechniknahrung nicht deklariert werden, in Europa schon. Falls Sie tatsächlich Rohstoffe vom toten Tier zu sich nehmen, sollten Sie wissen, dass diese unter Umständen mit GVO-Futtermitteln ernährt wurden. In Amerika ist bereits der Großteil folgender Lebensmittel gentechnisch verändert: Mais, Soja, Raps, Baumwolle und Papaya. Und Alfalfa, Tomaten, Chicorée, Lein, Kartoffeln, Reis, Zuckerrüben, Äpfel und Kürbis sollen noch folgen. Das ist ein weiterer Grund, diese Produkte in naturbelassener Form zu kaufen. Zumindest sind diese Nahrungsmittel sicher. Ich möchte Ihnen hier noch einen Dokumentarfilm ans Herz legen. Auf der Seite *www.thefutureoffood.com* können Sie sich einen Kurzfilm ansehen, der zeigt, wie der Chemiekonzern *Monsanto* und andere Biotech-Firmen versuchen, die globale Nahrungsmittelversorgung unter ihre Kontrolle zu bringen.

Die rohköstliche Vorratskammer

Hier ein paar der Grundnahrungsmittel, die in diesem Buch immer wieder verwendet werden. Kaufen Sie diese möglichst im Naturkostladen, Biomarkt oder Reformhaus. Wenn Sie etwas dort nicht finden, können Sie auch im Internet, z. B. auf *www.keimling.de* oder *www.pureraw.de*, danach Ausschau halten.

Früchte

Achten Sie darauf, dass die Ware frisch ist .

- Äpfel
- Avocados
- Bananen
- Limetten
- Orangen
- Trinkkokosnüsse, junge
- Zitronen
- und andere Früchte der Saison

Gemüse

Kaufen Sie nach Möglichkeit frisches, offenes Gemüse und nie mehr, als Sie in den nächsten 5 bis 7 Tagen verbrauchen werden.

- Grünkohl
- Karotten
- Paprika (roten, gelben und orangefarbenen; keinen unreifen grünen!)
- Salatgurken
- Spinat
- Stangensellerie
- Tomaten
- Wildsalate
- Zucchini
- Zwiebeln (rot, weiß, gelb)

Kräuter

Ich ziehe viele Kräuter wie Basilikum, Dill, Koriander, Minze, Oregano, Petersilie und Thymian in meinem Garten oder im Topf.

Nüsse und Samen in Rohkostqualität

Rohe Nüsse werden schnell ranzig, kaufen Sie also höchstens die Menge, die Sie innerhalb eines Monats verbrauchen.

- Cashewkerne
- Chiasamen (vor der Verwendung gut einweichen)
- Hanfsamen
- Haselnüsse
- Kürbiskerne
- Mandeln
- Pinienkerne
- Sonnenblumenkerne
- Walnüsse

Getreideprodukte

- Haferflocken

Nussmus

Rohes Nussmus wie Mandelmus und Tahin (Mus aus geröstetem Sesam) gibt es in fast allen Naturkostläden, Biomärkten und Reformhäusern.

Öle

Kaufen Sie kalt gepresstes, biologisches Haselnuss-, Kokos-, Lein- oder Olivenö l aus erster Pressung.

Salz

Verwenden Sie mineralstoffreiches, natürliches Meersalz oder rosa Steinsalz aus dem Himalaja.

Algen

Prüfen Sie, woher die Algen kommen, bevor Sie sie kaufen. Ich mag am liebsten Arame, Dulseflocken und ungeröstete Noriblätter.

Gewürze und Würzmittel

Getrocknete Kräuter sollten Sie nur in geringen Mengen verwenden und alle 6 Monate ersetzen.

- Aceto balsamico
- Apfelessig
- Carobpulver in Rohkostqualität
- Cayennepfeffer
- Chiliflakes
- Chipotle-Chilipulver
- Curry
- Dijonsenf
- Garam Masala
- Gewürznelken
- Ingwer
- Italienische Kräutermischung
- Kakaopulver und -nibs in Rohkostqualität
- Kapern
- Kardamom
- Knoblauch
- Knoblauchpulver
- Kreuzkümmel
- Kurkuma
- Muskatnüsse, ganze
- Lebkuchengewürz
- mexikanisches Chilipulver
- Miso – süßes, weißes oder Kichererbsenmiso)
- Nama Shoyu oder Tamari (traditionell fermentierte Sojasaucen)
- Oliven, im eigenen Saft getrocknete
- Paprikapulver
- Paprikapulver, geräuchertes (Pimentón de la Vera)
- Pfeffer, schwarzer und weißer
- Sesamsamen, schwarze und weiße
- Tomaten, sonnengetrocknete (nicht in Öl eingelegt)
- Vanilleschoten
- Würzhefeflocken
- Zimtstangen
- Zwiebelpulver

Sonnengetrocknete Früchte

Kaufen Sie keine geschwefelten, gezuckerten oder mit Ölen haltbar gemachten Früchte.

Natürliche Süße

Ich verwende am liebsten die folgenden Süßungsmittel:

- Agavendicksaft, klarer – in Rohkostqualität
- Ahornsirup (Grad B)
- Honig, kalt geschleuderter
- Stevia, flüssig
- Xylitol

Küchenausstattung

Sie müssen sich keine teuren Küchengeräte zulegen, wenn Sie damit anfangen, sich rohköstlich zu ernähren. Vielleicht haben Sie ja bereits alles, was Sie brauchen. Ein paar Extras können Ihnen das Leben allerdings wirklich erleichtern. Hier ein paar der wichtigsten Utensilien für Ihre Rohkostküche.

Ein gutes Messer

Da Sie künftig sehr viele Gemüseringe und -würfel schneiden werden, ist ein gutes Messer mit einer 20 Zentimeter langen Klinge unverzichtbar. Auch ein Schälmesser zum Gemüseputzen ist nützlich, ebenso wie ein Messerschärfer.

Ein Schneidbrett

Ich arbeite am liebsten mit großen Holz- oder Bambusbrettern.

Messbecher und -löffel

Kaufen Sie sich Messbecher in unterschiedlichen Größen mit Skalierung für Trocken- und Flüssigmaße. Auch mehrere Messlöffel sind eine sinnvolle Anschaffung.

Rührschüsseln

Auch davon werden Sie für Ihre Rohkost-Kreationen verschiedene Größen brauchen: kleine, mittlere und große.

Praktischer Kleinkram

Dazu gehören beispielsweise Kunststoffspatel, Kartoffelschäler, Schneebesen, Kochlöffel, Raspel, Julienneschneider, Sieb, Sushi-Matte, Zitronenpresse, Gewürzmühle und Spritzflaschen.

Microplane-Edelstahlreiben

Diese Reiben brauchen Sie vielleicht nicht unbedingt, aber praktisch sind sie trotzdem. Es gibt sie in verschiedenen Ausführungen für unterschiedliche Zwecke.

Nussmilchbeutel

Durch diese wiederverwendbaren Beutel aus Synthetikfasern wird die Nussmilch abgegossen, stattdessen können Sie aber auch ein sauberes Küchentuch nehmen.

Einweckgläser und Vorratsbehälter

Ich verwende 1-Liter--Gläser mit Deckel, um Nüsse einzuweichen und Saucen oder Smoothies im Kühlschrank aufzubewahren. Vorratsbehälter in unterschiedlichen Größen sind unverzichtbar. Ich ziehe Glasbehälter solchen aus Kunststoff vor.

Spiralschneider

Ein kleines praktisches Gerät, ideal um Zucchini, Daikon-Rettich, Karotten und andere Gemüsesorten zu Nudeln zu schneiden.

Gemüsehobel (Mandoline)

Damit können Sie Ihr Gemüse schnell in hauchdünne Scheiben schneiden.

Eiscreme-Formen

Formen für Eis am Stiel sind nicht unbedingt nötig. Wenn Sie keine haben, gießen Sie die Fruchtmasse einfach in Eiswürfel-Schalen und stecken Zahnstocher hinein.

Cupcake-Formen

Auch diese Formen brauchen Sie nicht unbedingt, aber wenn Sie Cupcakes mögen, erleichtern Sie sich damit die Arbeit. Natürlich können Sie die Teigmasse auch einfach in Papierförmchen füllen.

Spritzbeutel

Damit lassen sich die Cupcakes hübsch verzieren.

Küchenmaschine

Eine Küchenmaschine mit einem Fassungsvermögen von 1,5 Litern reicht für die Rezepte in diesem Buch aus. Wenn nicht, verwenden Sie einfach die größere Schüssel. Ich nehme für meine Rezepte immer die S-Klinge.

Mixer

Ein Hochleistungsmixer wie der *Vitamix* oder der *Blendtec* (siehe unter „Bezugsquellen", Seite 169) ist wirklich das Geld wert, das Sie dafür ausgeben. Sie können damit seidig glatte Saucen und Cremes mixen, aber auch Eiscreme, Nussmus und vieles mehr. Leider sind gute Mixer nicht ganz billig. Zu Anfang reicht ein gewöhnlicher Haushaltsmixer, doch damit wird die Masse nicht ganz so glatt.

Entsafter

Kaufen Sie einen Entsafter, mit dem Sie nicht nur Obst und Gemüse, sondern auch Kräuter, Blattgemüse und Gräser verarbeiten können. Ideal ist ein *Champion Entsafter* (siehe unter „Bezugsquellen", Seite 169). Er ist sehr vitalstoffschonend, aber wenn Sie nur einen Mixer haben, können Sie Obst und Gemüse auch mixen und das Püree dann durch ein feines Tuch streichen.

Dörrautomat

Ich habe in dieses Buch nur Rezepte aufgenommen, bei denen Sie ohne Dörrautomat auskommen. Wenn Sie einen besitzen, können Sie damit allerdings manche der Gerichte erwärmen. In meinem ersten Buch *Going Raw* (siehe „Literaturverzeichnis", Seite 169) finden Sie Rezepte für den Dörrautomaten.

Technik, Tipps und Tricks

Sie müssen keinen Profi-Kochkurs machen, um ein guter Rohkost-Küchenchef zu werden. Hier ein paar einfache Techniken und Tipps, die Ihnen bei der Zubereitung der Rezepte hilfreich sein werden. Anfangs geht Ihnen vielleicht alles noch etwas langsamer von der Hand, aber mit der Zeit werden Sie diese Techniken beherrschen, als hätten Sie nie etwas anderes getan.

Arbeiten mit dem Spiralschneider

Mit dem Spiralschneider können Sie mühelos aus Ihrem Gemüse Nudeln schneiden. Am besten eignen sich dafür Gemüsesorten, die wenig gekrümmt sind und nicht so viele Samen enthalten wie Salatgurken oder große Zucchini. Ich mache damit am liebsten Nudeln, die etwas dicker sind als Spaghetti. Größere Nudeln geben weniger Flüssigkeit ab. Wenn Sie keinen Spiralschneider besitzen, können Sie auch mit einem Kartoffelschäler feine, bandnudelartige Streifen machen.

Vanilleschoten auskratzen

Vanilleschoten sind häufig etwas teurer als das Pulver. Für Vanillepulver werden die ganzen Schoten vermahlen. Da das Mark der Vanilleschote intensiv würzt, reicht oft schon eine kleine Menge davon aus. Schneiden Sie die Vanilleschote mit dem Schälmesser der Länge nach auf (nicht durchschneiden!). Öffnen Sie dann die Schote mit der Messerspitze und kratzen Sie das Mark heraus. Ich trockne die vom Mark befreiten Schoten und vermahle sie anschließend zu Pulver. Oder ich gieße sie mit warmem Wasser auf, das ergibt einen köstlichen Tee.

Nüsse und Samen einweichen

Wir weichen Nüsse und Samen nicht nur ein, weil sie sich dann besser pürieren lassen. Vielmehr schwemmt das Einweichwasser die Enzymhemmer in den Nüssen aus, die sie schwer verdaulich machen. Dadurch verschwindet der bittere, saure Nachgeschmack und der Körper kann die Nährstoffe aus der Nuss leichter aufnehmen. Paranüsse, Cashewkerne und Haselnüsse enthalten keine Enzymhemmer. Weichen Sie sie nur ein, um sie besser pürieren zu können, wenn Sie keinen Hochleistungsmixer besitzen. Ich weiche sie meist nur 2 Stunden ein, aber weniger tut's in der Regel auch.

Zum Einweichen geben Sie die Nüsse in eine Schüssel und gießen so viel Wasser auf, dass die Nüsse leicht bedeckt sind. Sie können die Nüsse im Kühlschrank aufbewahren, aber auch bei Raumtemperatur stehen lassen. Die Einweichzeit hängt ganz davon ab, welche Nüsse Sie verwenden. Natürlich können Sie auch Samen einweichen oder eine Mischung aus Nüssen und Samen.

Einweichzeiten

- Paranüsse: 2 Stunden
- Mandeln: 8 bis 12 Stunden
- Cashewkerne: 2 Stunden
- Haselnüsse: 2 Stunden
- Pekannüsse: 4 bis 6 Stunden
- Kürbiskerne: 4 bis 6 Stunden
- Walnüsse: 6 bis 8 Stunden
- Hanfsamen: müssen nicht eingeweicht werden

Was sind rohe Nüsse?

In den Vereinigten Staaten wurde 2008 beschlossen, dass alle Mandeln, die auf dem heimischen Markt angeboten werden, pasteurisiert sein müssen, um sie vor Salmonellen zu schützen. Leider muss dies auf der Packung nicht deklariert werden. Doch nach der Wärmepasteurisierung und Sterilisierung sind Nüsse und Mandeln keine naturbelassenen, rohen Lebensmittel mehr. Leider behandeln die meisten Farmer mittlerweile nicht nur Mandeln, sondern alle Nüsse mit Dampf, Gas oder Strahlen. Da 80 Prozent der welt-

weiten Mandelernte aus Kalifornien stammt, sind die Nüsse, die Sie im Handel bekommen können, meist behandelt. Dies gilt nicht für Ware aus Italien oder Spanien, wo aber massiv mit Pestiziden gearbeitet wird. Am besten kaufen Sie Ihre Nüsse und Mandeln im Naturkostladen, Biomarkt oder Reformhaus. Mit Sicherheit finden Sie Mandeln in Rohkostqualität auf den Webseiten von Rohkostanbietern, wie *www.keimling.de* oder *www.pureraw.de*.

Junge Trinkkokosnüsse (siehe oben)

Es gibt zwei Typen von Kokosnüssen. In den meisten Läden können Sie die klassischen, braunfaserigen Früchte kaufen. In Asiamärkten und im Internet erhalten Sie auch sogenannte Trinkkokosnüsse. Sie haben eine konische Form und werden gewöhnlich im Kühlregal aufbewahrt.

Reife Kokosnüsse haben dickes, festes Fleisch und nur wenig Kokoswasser. Trinkkokosnüsse hingegen enthalten wenig weiches, cremiges Fleisch und 1 bis 2 Tassen (200 bis 350 ml) Kokoswasser. Die helle Schale sollte keine purpurfarbenen Flecken aufweisen und keine Sprünge haben. Für die Rezepte in diesem Buch verwende ich nur junge Trinkkokosnüsse.

Wie Sie eine Trinkkokosnuss öffnen

Es gibt zwei Methoden, um an das Innere einer Trinkkokosnuss zu gelangen. Sie sollten dazu entweder ein Küchenbeil oder ein großes stabiles Messer verwenden.

Wichtig: Wenn Sie ein Küchenbeil benutzen, sollten Sie sich gut konzentrieren. Holen Sie nicht zu weit aus und achten Sie darauf, dass sich Ihre Finger nicht unter der Klinge befinden.

Die schnelle Methode

Machen Sie mit dem Küchenbeil vier tiefe Schnitte rund um die Spitze der Kokosnuss. Ziehen Sie die Spitze ab und machen Sie dann weiter bei Schritt 4, wie unten beschrieben.

Die einfache Methode

1. Verwenden Sie ein scharfes Messer. Entfernen Sie damit die weiche holzige Masse am oberen Teil der Kokosnuss bis zur hellbraunen Schale.
2. Legen Sie die Kokosnuss auf die Seite. Halten Sie sie unten gut fest. Schlagen Sie nun mit dem Küchenbeil oder dem Messer fest in die konische Spitze. Es kann je nach Beschaffenheit der Nuss etwas dauern, bis Sie den Bogen raus haben.
3. Sobald das Beil oder Messer festsitzt, stellen Sie die Kokosnuss wieder aufrecht hin. Heben Sie nun das Beil oder Messer an, sodass sich der Deckel hebt. Das geht recht leicht. Meist entsteht dabei ein kreisförmiges Loch.
4. Gießen Sie das Kokoswasser durch ein Sieb, um eventuelle Schalenreste aufzufangen.
5. Das Wasser sollte möglichst klar – oder höchstens leicht getrübt – sein und süß schmecken. Wenn es jedoch lila, rosa oder trüb ist und schlecht riecht, sollten Sie die Kokosnuss wegwerfen. Und probieren Sie das Wasser, bevor Sie Fleisch und Wasser für ein Rezept verwenden.
6. Bewahren Sie das Wasser im Kühlschrank auf und verbrauchen Sie es innerhalb von 3 Tagen.

Wie Sie das Fruchtfleisch herauslösen

1. Sie können das Fleisch mit dem Spatel herauslösen. Je nach Alter der Kokosnuss ist das Fleisch geleeartig und süß (und die Nuss enthält viel Wasser) oder aber schon etwas fester (mit weniger Wasser in der Nuss).
2. Entfernen Sie die harten Schalenreste mit einem Schälmesser.
3. Das Fleisch der Trinkkokosnuss lässt sich auch sehr gut einfrieren.

Wie Sie Kokosmilch herstellen

1. Geben Sie Kokoswasser und -fleisch in einen Hochleistungsmixer und pürieren Sie beides glatt. Wenn Ihre Kokosmilch zu wässrig wird oder noch Stückchen vom Fleisch enthält, geben Sie einfach Fleisch (einer anderen Kokosnuss) hinzu, bis die Flüssigkeit eine milchige Konsistenz hat. (Gewöhnlich wird selbst gemachte Kokosmilch etwas dicker als gekaufte.)
2. Kokosmilch ist eine vielseitige und köstliche Zutat für Smoothies, Desserts, Suppen und Saucen. Ich habe sie in diesem Buch mehrfach verwendet, zum Beispiel für Karotten-Ingwer-Kokos-Suppe (Seite 77) und Cocojito (Seite 63).

Lagerung

Früchte:

Manche Früchte lagert man am besten bei Zimmertemperatur, zum Beispiel Nektarinen, Pfirsiche, Birnen, Pflaumen, Wassermelonen, Zitrusfrüchte und unreife Bananen. Dies gilt auch für Tomaten und Avocados. Tropische Früchte lassen Sie am besten bei Zimmertemperatur reifen und geben sie erst dann in den Kühlschrank, wo sie anschließend noch 2 bis 3 Tage halten. Am schnellsten verderben: Avocados, Bananen, Basilikum, Kirschen, Mais, Dill, Pilze, Erdbeeren und Brunnenkresse. Diese sollten Sie innerhalb von 2 bis 3 Tagen nach dem Kauf verzehren.

Grüne Blätter:

Wenn Sie nicht wollen, dass Ihre Kräuter und Salate die Blätter hängen lassen, sollten Sie sie in kaltem Wasser waschen, weitgehend trocken tupfen, in Küchenpapier einschlagen und in einem Plastikbeutel aufbewahren. So bleiben sie gut 1 Woche frisch.

Gemüse:

Die meisten Gemüsesorten können in einem Plastikbeutel mehrere Tage im Kühlschrank aufbewahrt werden. Das gilt zum Beispiel für Brokkoli, Blumenkohl, Gurken, Stangensellerie, Frühlingszwiebeln, Paprika, Rote Bete, Karotten und Kürbis. Von Roten Beten und Karotten sollten Sie zuvor das Grün entfernen. Sie können es aufbewahren wie grünes Blattgemüse und für Salate bzw. Smoothies verwenden. Tomaten, siehe unter „Früchte".

Zwiebeln und Knoblauch:

Lagern Sie beides möglichst dunkel und kühl in der Vorratskammer.

Beeren:

Beeren sollten Sie in der Originalverpackung ungewaschen im Kühlschrank aufbewahren.

Pilze:

Legen Sie Pilze in einer Papiertüte in den Kühlschrank.

Öle:

Oliven-, Lein- und andere Öle aus Samen sollten Sie dunkel im Kühlschrank aufbewahren. Sie werden relativ schnell ranzig, verbrauchen Sie sie also am besten innerhalb eines Monats nach dem Öffnen. Kokosfett, das im warmen Zustand zu Öl wird, hält sich hingegen mehrere Wochen bei Zimmertemperatur.

Nüsse und Samen:

Ich bewahre beides im Kühlschrank auf, um sie frisch zu halten, vor allem, wenn sie bereits eingeweicht sind.

Haferflocken:

Haferflocken halten in einem dicht verschließbaren Behälter bei Raumtemperatur mindestens 3 Monate, im Kühlschrank 6 Monate.

Algen:

Bewahren Sie diese in einem verschlossenen Behälter bei Zimmertemperatur auf.

Juditas Trick: Welke Gemüsesorten können Sie wieder aufpeppen. Schneiden Sie dafür zunächst weg, was verdorben oder vertrocknet ist. Was übrig bleibt, legen Sie für einige Minuten in eine Schüssel mit Eiswasser. Nehmen Sie das Gemüse wieder heraus und schütteln Sie das Wasser dann weitgehend, aber nicht ganz ab. Locker in Küchenpapier einschlagen und in einer Plastiktüte in den Kühlschrank legen. In 2 bis 3 Stunden ist das Gemüse wieder frisch.

Tipps fürs Mixen

Geben Sie immer zuerst die flüssigen Zutaten in den Mixer, danach die trockenen und festen. So kann sich das Schneidwerk nicht festfressen.

Die Reibung in einem Hochleistungsmixer kann das Mixgut erwärmen. Das ist natürlich toll, wenn Sie Suppe machen wollen, doch wenn Ihr Mixer heiß gelaufen ist, wird er sich automatisch für 15 Minuten oder mehr abschalten.

Säubern sollten Sie den Mixer, indem Sie ihn mit warmem Wasser füllen. Einen Spritzer Spülmittel hineingeben, kurz durchmixen, das Wasser ausgießen und den Behälter noch einmal ausspülen.

Tipps für die Küchenmaschine

Küchenmaschinen eigenen sich besser für die Arbeit mit festen Zutaten, der Mixer hingegen ist für alles Flüssige.

Mit der Pulse-Funktion können Sie Ihre Zutaten kurz hacken, die so eine körnige Konsistenz erhalten. Für einen Teig arbeiten Sie mit der normalen Funktion.

Gelegentlich setzt sich das Mixgut an den Seiten der Küchenmaschine ab. Mixgut mit einem Spatel lösen und zum Schneidwerk hinschieben. Schalten Sie dabei die Küchenmaschine kurz aus.

Die Nahrungsmittelgruppen der Rohkost

Sie glauben vielleicht, als Rohköstler bekämen Sie nicht genug zu essen? Weit gefehlt! Das alles können Sie genießen:

Früchte

Früchte sind voller Vitamine, Mineralstoffe, Spurenelemente, sekundärer Pflanzenstoffe und liefern Einfachzucker, die uns Energie schenken. Als Rohköstler ernähren Sie sich unter anderem von Äpfeln, Avocados, Orangen, Erdbeeren, Ananas, Papayas, Bananen, Aprikosen, Pflaumen, Datteln und Trockenfrüchten.

Gemüse

Gemüse enthält wenig Kalorien und viele Ballaststoffe. Sie können davon essen, so viel Sie wollen, zum Beispiel Salatgurken, Stangensellerie, Paprika, Tomaten, Rote Bete, Zucchini, Brokkoli, Blumenkohl, Erbsen, Mais und so weiter und so fort.

Grüne Blätter

Dazu zählen Blattgemüse, Salate und Kräuter. Für die Rohkost sind sie von entscheidender Bedeutung, da sie essenzielle Mineralstoffe wie Kalzium, Eisen und Magnesium enthalten. Außerdem liefern sie Proteine und blutbildendes Chlorophyll. Genießen Sie grüne und rote Salatsorten, Grünkohl, Spinat, Stängelkohl, Mangold, Romanasalat, Pak Choi, Brunnenkresse, Rucola, Löwenzahn und Gänsefuß.

Samen

Kürbis- und Sonnenblumenkerne, Hanf- und Leinsamen, Chia- und Sesamsamen sind ausgezeichnete Proteinquellen und liefern sowohl essenzielle Fettsäuren als auch Mineralstoffe.

Nüsse

Mandeln, Cashewkerne, Paranüsse, Walnüsse, Pekannüsse, Pinienkerne, Haselnüsse, Pistazien, wilde Erdnüsse und Macadamianüsse enthalten herzgesunde Fettsäuren, Proteine und Mineralstoffe.

Körner

Hafer, Kamut, Dinkel, Quinoa, Buchweizen und echter, handgesammelter Wildreis können roh gegessen werden. In diesem Buch verwende ich nur Haferflocken und einmal Haferschrot.

Sprossen

Alfalfa, Sonnenblumen, Brokkoli, Klee, Mungbohnen, Kichererbsen, Linsen und Quinoa ergeben sehr leckere Sprossen, die Sie zu Hause ziehen können. Sprossen sind eine tolle Ergänzung zu Salaten und Wraps. Eine genaue Anleitung zum Sprossenziehen finden Sie in meinem ersten Buch *Going Raw* (siehe „Literaturverzeichnis", Seite 169).

Fermentierte Lebensmittel

Fermentierte Nahrungsmittel enthalten einen hohen Prozentsatz probiotischer Bakterien, die unser Immunsystem stärken und unsere Verdauung verbessern. Sauerkraut und andere milchsauer eingelegte Gemüsesorten, Kombucha, Wasser- und Kokos-Kefir, Mandel- und Kokosjoghurt sowie Misopaste erwarten Sie, wenn Sie sich rohköstlich ernähren.

Fette

Avocados, Kokosnüsse und sonnengetrocknete Oliven sowie Leinöl, Hanföl, Kokosfett, Sacha-Inchi-Öl und Olivenöl sind durchweg gesunde Fette. Sie sollten jedoch immer kalt gepresst sein und aus der ersten Pressung stammen.

Ein gesunder Tipp: VERZICHTEN Sie auf Erdnussöl, das immer raffiniert ist und Allergien auslösen kann. Dasselbe gilt für Sonnenblumenöl und Distelöl, die zu viele Omega-6-Fettsäuren enthalten. Rapsöl, Soja- und Maisöl sollten Sie ebenfalls meiden, da sie gentechnisch veränderte Organismen enthalten können.

Algen

Es gibt mindestens zwei Dutzend essbarer Algen. Meine Lieblings-Meeresgemüse sind Dulse-, Nori-, Wakame- und Arame-Algen sowie Kelp.

Superfoods

Superfoods sind Nahrungsmittel, die gesunde Inhaltsstoffe in besonders hoher Konzentration enthalten. Davon gibt es natürlich viele. Ich verwende am liebsten: Gojibeeren, Macapulver, Blütenpollen, AFA-Algen, Chlorella und Spirulina, marines Phytoplankton und Kakao. Auf Seite 34–35 finden Sie mehr Informationen über Superfoods.

Natürliche Süße

Klarer Agavendicksaft, Palmzucker, kalt geschleuderter Honig, Stevia, Yaconsirup, Mesquitepulver, Xylitol, Erythritol, Lucumapulver, Ahornsirup und getrockneter Zuckerrohrsaft (Rapadura) sind natürliche Süßungsmittel. Außer naturbelassenem Honig, Steviablättern, Lucuma- und Mesquitepulver sind die meisten Süßungsmittel jedoch auf irgendeine Weise behandelt und daher nicht wirklich als „roh" zu betrachten, auch wenn sie so bezeichnet werden. Auf jeden Fall sollten Sie auf sämtliche Formen von Industriezucker, ob in seiner weißen oder braunen Form, verzichten, da er keinerlei Mineralstoffe mehr enthält. Auch künstliche Süßstoffe wie Aspartam, Sucralose und Saccharin sollten Sie meiden.

Alternativ süßen

Es gibt viele alternative Süßungsmittel, die Sie in Ihren rohköstlichen Kreationen einsetzen können.

Stevia

Dieses Süßungsmittel stammt von der Steviapflanze. Ihre Blätter werden getrocknet und ergeben ein natürliches, grünes Pulver. Es ist sehr süß, hat aber einen bitteren, lakritzähnlichen Nachgeschmack. In meinen Rezepten verwende ich vorzugsweise flüssiges Stevia, da dieses sich besser mit flüssigen Nahrungsmitteln verbindet. Es hat keinerlei Nebenwirkungen, ist insulinneutral und kann daher von Diabetikern gefahrlos verzehrt werden. Auch für Krebskranke und Menschen mit Candidapilz ist Stevia eine gute Alternative. Es süßt sehr stark, daher sollten Sie es sparsam verwenden.

Agavendicksaft

Agavendicksaft war in der Veganerszene einst ein beliebtes Süßungsmittel, mittlerweile ist er aber etwas in Verruf geraten, weil der Dicksaft sehr viel Fructose enthält und daher nicht insulinneutral ist. Agavendicksaft ist eines der am wenigsten behandelten natürlichen Süßungsmittel überhaupt. Er wird aus dem Saft der sukkulenten Agave gewonnen, dann erhitzt und eingedickt. Entscheidend ist hier natürlich die Qualität. Guter Agavendicksaft ist klar, denn Fructose karamellisiert, wenn sie über 43 °C erhitzt wird. Da diese Temperatur unter der magischen Rohkostgrenze von 48 °C liegt, wird er häufig als „roh" bezeichnet.

Xylitol

Das Wort *xylo* kommt aus dem Griechischen und bedeutet „Holz". Eben daraus wird Xylitol gewonnen. Es wirkt sich nicht auf den Blutzuckerspiegel aus, kann also auch von Bakterien oder Pilzen nicht als Nahrungsgrundlage genutzt werden. Xylitol ist für Diabetiker und Menschen mit Pilzbefall hervorragend geeignet. Seine Süße schmeckt ein bisschen wie Saccharose und eignet sich hervorragend für Desserts. In diesem Buch verwende ich häufig Xylitol, weil es in den meisten Naturkostläden, aber auch im Internet erhältlich ist. Xylitol schützt Ihre Zähne vor Karies. Für Hunde ist es jedoch giftig, was in Einzelfällen durchaus von Bedeutung sein kann.

Erythritol

Dieses kristallisierte Süßungsmittel, das aus fermentierten Früchten gewonnen wird, ist dem Xylitol sehr ähnlich. Es ist insulinneutral und weniger süß als Saccharose. Es geht bereits im Magen ins Blut über und nicht erst im Darm, daher verursacht es keine verstärkten Darmbewegungen. Wenn Sie es statt Xylitol verwenden, brauchen Sie etwas mehr davon, da seine Süßkraft nicht ganz so ausgeprägt ist.

Yaconsirup

Dieser melasse-ähnliche Sirup ist dick und hat einen sehr niedrigen glykämischen Index. Er wird aus den Wurzelknollen der Yaconpflanze gewonnen. Er ist sehr mineralstoffreich und enthält 50 Prozent Fructooligosaccharide, kurzkettige Zuckermoleküle, die vom Körper nicht aufgenommen werden und daher auf den Blutzuckerspiegel keinen Einfluss haben. Er wirkt auch probiotisch, da er die Ausbildung positiver Darmbakterien unterstützt. Yaconsirup hat nur halb so viele Kalorien wie Zucker und ist daher auch für Diabetiker eine Alternative.

Ahornsirup

Seine köstliche mineralstoffreiche Süße verfeinert meine Desserts und Granolas. Er ist nicht insulinneutral und nährt außerdem Bakterien und Hefepilze wie den Candidapilz. Wenn Sie also Probleme damit haben, müssen Sie leider darauf verzichten.

Palmzucker

Palmzucker ist ein Süßungsmittel, das durch Eindicken aus dem Nektar von Palmfrüchten gewonnen wird. Er ist nahezu unbehandelt und enthält viele Mineralstoffe und Vitamine. Außerdem lässt er den Blutzuckerspiegel nicht ganz so schnell steigen. Wenn Sie aufgrund einer Pilz- oder Krebserkrankung eine blutzuckerneutrale Diät einhalten müssen, ist Palmzucker ungeeignet.

Getrockneter Zuckerrohrsaft

Diese auch als „Rapadura" bekannte Zuckerform ist kaum behandelt und enthält noch alle Mineralstoffe des Zuckerrohrs. Er ist eine gute Alternative zu herkömmlichem Zucker, muss jedoch strengstens gemieden werden, wenn Sie eine blutzuckerneutrale Diät einhalten müssen.

Honig

Honig ist nicht vegan, doch er besitzt weitreichende Heilkräfte und es gibt ihn in zahlreichen Variationen. Er sollte unbehandelt sein, also nicht erhitzt und gefiltert. Und wenn Sie eine blutzuckerneutrale Diät einhalten wollen, müssen Sie auf Honig leider verzichten.

Datteln

Viele Rezepte lassen sich gut mit Datteln süßen, die uns eine natürliche, mineralstoffreiche Süße bescheren. Wenn Sie eine blutzuckerneutrale Diät einhalten müssen, sollten Sie Datteln aber von Ihrem Speiseplan streichen.

In manchen Rezepten gebe ich das Süßungsmittel an. Grundsätzlich aber können Sie ganz nach Geschmack jedes der hier aufgeführten Produkte verwenden.

Superfoods

Manche Nahrungsmittel können in gesundheitlicher Hinsicht so vielfältig genutzt werden, dass sie eine Klasse für sich bilden. Dies ist vor allem dann der Fall, wenn sie besonders viele sekundäre Pflanzenstoffe, Antioxidantien oder andere Vitalstoffe enthalten. Sie sind die Superstars der Rohkostwelt.

Hanfsamen

Diese fettreichen, nussigen Samen lassen Ihnen vielleicht nicht gerade das Wasser im Mund zusammenlaufen und werden sicher auch nicht den ersten Platz in Ihrer Heilkräutersammlung einnehmen. Doch sie sind reich an essenziellen Fettsäuren wie Omega-3- und Omega-6-Fettsäuren sowie Gamma-Linolensäure. Hanfsamen enthalten alle acht essenziellen Aminosäuren und sind allgemein reich an Proteinen, Mineralstoffen und Spurenelementen. Ich gebe sie gern über Salate, in Smoothies, in Schokodesserts oder mache Nussmilch daraus (Seite 59).

Gojibeeren

Diese roten Beeren wurden in der Traditionellen Chinesischen Medizin jahrelang als Tonikum verwendet. Sie gelten als *adaptogen*, was bedeutet, dass sie dem Körper helfen, sich an Stresssituationen anzupassen. Gojibeeren unterstützen Leber, Nieren, Nebennierendrüsen und das Immunsystem. Sie enthalten 2- bis 4-mal so viele Antioxidantien wie Heidelbeeren und sind das einzig bekannte Nahrungsmittel, das dem Körper hilft, mehr hGH herzustellen (siehe Seite 18). Sie schützen uns also vor vorzeitigem Altern. Gojibeeren enthalten alle essenziellen Aminosäuren, Eisen und Spurenelemente. Sie schmecken lecker in Smoothies, als Snack, im Müsli oder im Dessert.

Kakao

Diese köstliche Bohne enthält zahlreiche Antioxidantien und Mineralstoffe: Magnesium, das vor Herzkrankheiten schützt; Chrom, das den Blutzuckerspiegel ausgleicht, und Zink, welches das Immunsystem stärkt. Kakao ist reich an Tryptophan, einer Aminosäure, die stimmungsaufhellend wirkt. Kakao gibt es als Pulver, ganze Bohnen oder als Nibs.

Kokosnüsse

Kokosnüsse sind wirklich unglaublich gesund. Sie enthalten Laurinsäure, die der Körper in Monolaurin umwandelt. Dieses wirkt antimikrobiell, fungizid und antibakteriell. Außerdem vertreibt es Parasiten. Laurinsäure ist eine mittelkettige Fettsäure, die der Körper leicht in Energie umwandeln kann – wie Kohlehydrate, doch ohne deren Auswirkung auf den Insulinspiegel. Mittelkettige Fettsäuren regen den Stoffwechsel an und helfen Ihrem Körper bei der Fettverbrennung.

Chiasamen

In Südamerika zählen Chiasamen zu den traditionellen Nahrungsmitteln. Sie sind eine gute Quelle für essenzielle Fettsäuren, da sie mehr Omega-3-Fettsäuren enthalten als Lachs. Außerdem enthalten Chiasamen alle acht essenziellen Aminosäuren, darüber hinaus Kalzium, Kalium und Ballaststoffe. Anders als Leinsamen müssen Chiasamen *nicht* gemahlen werden, um ihre Nährstoffe freizusetzen. Geben Sie sie in Ihre Smoothies und probieren Sie einmal den köstlichen Chiapudding (Seite 44) oder Chia-Erfrischungen (Seite 68) aus.

Spirulina

Diese einzellige Blaualge existiert seit Urzeiten. Sie ist eine der einfachsten Lebensformen überhaupt und enthält die Bausteine des Lebens. In warmen, nicht übersäuerten Seen wächst sie ganz von selbst. Als Nahrungsmittel ist sie seit 5000 Jahren bekannt. Sie enthält mehr Protein (zwischen 59 und 71 Prozent) als jede andere Pflanze und mehr Eisen als rotes Fleisch. Dazu kommen noch jede Menge Vitamine, Chlorophyll, sekundäre Pflanzenstoffe und Enzyme. Sie können Spirulinapulver über Ihre Salate streuen oder in Smoothies und Dressings geben. Auch in dunklen, schokoladigen Desserts schmeckt es lecker.

Chlorella

Wie Spirulina ist auch Chlorella eine einzellige Mikroalge. Sie verdankt ihren Namen ihrem extrem hohen Chlorophyllgehalt, enthält aber auch viele Vitamine, Mineralstoffe, Aminosäuren, essenzielle Fettsäuren und sekundäre Pflanzenstoffe. Am bekanntesten ist ihr Entgiftungspotenzial. Sie hilft, Schwermetalle auszuleiten sowie Pestizide und andere toxische Substanzen. Sie reinigt Leber und Blut und stärkt das Immunsystem. Darüber hinaus hat Chlorella die außergewöhnliche Fähigkeit, die Bildung positiv wirkender Bakterien im Darm zu beschleunigen und so unsere Verdauung zu unterstützen.

Macapulver

Die Macawurzel wächst hoch in den peruanischen Anden. Sie wird geerntet, getrocknet und zu Pulver vermahlen. Seit gut 2600 Jahren schätzt man in Südamerika nicht nur ihre positive Wirkung auf die Libido, sondern verwendet sie auch, um Energie und Ausdauer zu fördern. Wie Gojibeeren gehört das Macapulver zu den Adaptogenen. Es gleicht Störungen des Hormonhaushalts, des Nervensystems und des Herz-Kreislauf-Systems aus. Macapulver ist hilfreich bei Blutarmut, Stress, chronischer Erschöpfung, Depressionen, Schilddrüsenproblemen und prämenstruellem Syndrom. Sie können Macapulver in Smoothies und Desserts verwenden.

Blütenpollen

Blütenpollen gehören zu den Nahrungsmitteln mit der höchsten Vitalstoffdichte überhaupt: alle 22 Aminosäuren, 18 Vitamine, 14 Fettsäuren und zahlreiche Mineralstoffe, Enzyme und Antioxidantien.

Acaipulver

Die kleine violette Beere kommt aus den Amazonaswäldern Brasiliens. Sie ist reich an Antioxidantien und Sterinen, Vitaminen und Mineralstoffen wie Kalzium, Phosphor, Betakarotin und Vitamin E. Acaipulver kann Krebs vorbeugen, da es freie Radikale in bislang ungekanntem Ausmaß reduziert. Jüngere wissenschaftliche Untersuchungen haben ergeben, dass die Acaibeere auch zur Regeneration und Produktion von Stammzellen beiträgt. Sie können die Acaibeere als Pulver oder als Kapseln kaufen. Peppen Sie mit der Leckerei doch Ihre Smoothies und Desserts auf.

Camu-Camu-Beeren

Auch diese Beeren stammen aus den Regenwäldern Südamerikas. Sie enthalten 30-mal mehr Vitamin C als Orangen. Darüber hinaus sind sie eine exzellente Quelle für Kalzium, Phosphor, Kalium und Eisen. Sie stärken das Immunsystem, schenken eine schöne Haut und kräftige Bänder und Sehnen. Sie wirken antientzündlich und schützen die Augen. Camu-Camu gibt es als Pulver, das Sie in Wasser, Saft, Smoothies und Desserts rühren können. Ich halte mir Erkältungen vom Leib, indem ich täglich einen Teelöffel voll Camu-Camu-Pulver in einem Glas Wasser verrühre und es über den Tag verteilt trinke.

Kelp

Dieses Meeresgemüse ist reich an Mineralstoffen wie Kalzium, Magnesium, Kalium, Eisen und Jod. Kelp enthält sekundäre Pflanzenstoffe, die helfen, Schwermetalle und radioaktive Teilchen aus dem Körper auszuleiten. Darüber hinaus finden sich darin Einfachzucker, die gegen Bakterien, Viren und Pilze wirksam sind. Kaufen Sie getrockneten Kelp. In Wasser eingelegt wird er zum saftigen Gemüse, mit dem Sie Salate oder Suppen verfeinern können. Kelp gibt es auch als Granulat zum Würzen.

Noni

Wenn Sie mit dem Geruch nach alten Socken zurechtkommen, den diese tropische Frucht ausströmt, stellt sie ein echtes Plus für Ihre Gesundheit dar. Ihr hoher Gehalt an Antioxidantien erweist sich vor allem dann als hilfreich, wenn Ihr Immunsystem schwer angeschlagen ist. Der frische Saft lässt den Serotoninspiegel ansteigen, die fermentierte Frucht hingegen wirkt Wunder gegen Pilze und Mikroben. Tee aus Noniblättern verbessert die Verdauung und stabilisiert den Blutzuckerspiegel. Er leitet Giftstoffe aus und hat glücklicherweise nicht den durchdringenden Geruch der Frucht. Sie erhalten Noni als Saft und als Pulver. In Wasser, Kokoswasser oder Smoothies schmeckt es großartig. Pur sollten Sie vom Saft nicht mehr als 30 ml pro Tag trinken.

Aloe vera

Aloe vera wirkt bei Brandverletzungen, Kontaktallergien und Hautinfektionen. Innerlich angewandt wirkt sie stark antimikrobiell. *Aloe vera* beseitigt Schleimansammlungen im Darm, wodurch die Nährstoffaufnahme verbessert wird. Sie hilft, Hefe(Candida)-Pilze zu beseitigen und fördert probiotische Darmbakterien. Außerdem regt Aloe die Leber zur Bildung von Glutathion an, einem starken Antioxidans, das bei der Produktion weißer Blutkörperchen eine wichtige Rolle spielt. Schneiden Sie das Aloeblatt auf, dann können Sie das geleeartige Innere herauslöffeln und damit Smoothies, Suppen, Dips und Saucen aufpeppen.

Mehr über Superfoods in Küche und Alltag erfahren sie in Julie Morris' Buch *Superfood Kitchen* oder in David Wolfes Klassiker *Superfoods* (siehe „Literaturverzeichnis", Seite 169).

Rohköstler in einer Welt voller Köche

Dass Sie die einzige Person in der Familie sind, die sich für Rohkost interessiert, kommt gar nicht einmal selten vor. Ich war und bin die einzige Rohköstlerin in unserer Familie, aber auch in meinem engeren Freundeskreis. (Obwohl ich mittlerweile Rohkost-Freunde auf der ganzen Welt habe.) Als ich mit Rohkost anfing, hatte ich buchstäblich gar keine Unterstützung aus meinem Umfeld. Andererseits wusste ich, dass sich etwas ändern musste, wenn ich meine Hautprobleme loswerden wollte. Also nahm ich mir ein Blatt Papier und schrieb meine Ziele darauf. Ich schwor mir, dass ich sie erreichen würde – trotz all der Neinsager um mich herum. Es war eine echte Herausforderung, sich zu 100 Prozent von frischen Lebensmitteln zu ernähren. Glücklicherweise stand mein Mann voll hinter mir, obwohl er selbst sich nicht 100-prozentig roh ernähren wollte. Doch er wusste, wie sehr ich unter meiner unreinen Haut litt und wollte mir helfen. Obwohl es Tage gab, an denen ich ihn am liebsten umgebracht hätte, weil er sich gerade dann eine Pizza machen musste, wenn ich ein Saftfastenwochenende hatte. Aber ich war ihm immer dankbar, dass er mich an den schwierigen Tagen bei Laune hielt. Und mein Erfolg beflügelte ihn. Heute ernährt auch er sich zu 50 Prozent rohköstlich (zumindest meistens). Er ist leidenschaftlicher Surfer, wird nie krank und ist mit seinen vierzig Jahren immer noch superfit.

Zwei wichtige Ratschläge für Ihre Umstellung

1. Lassen Sie sich helfen. Erklären Sie Ihren Lieben, was Sie vorhaben und warum. Bitten Sie um ihre Unterstützung und darum, dass sie Ihnen Kritik doch vorerst ersparen möchten.
2. Versuchen Sie erst gar nicht, Ihre Lieben zu einem „gesünderen Lebensstil" zu bewegen. Menschen lieben, was sie essen. Es hat überhaupt keinen Sinn, jemanden umstimmen zu wollen, wenn er oder sie noch nicht dazu bereit ist. Wenn sie sehen, wie gut es Ihnen damit geht, fangen sie von selbst an, darüber nachzudenken. Vielleicht lassen sie sich ja inspirieren.

Rohkost für Kinder

Kinder kann man mit Rohkost durchaus locken. Frucht-Smoothies, Eis am Stiel und rohköstliche Desserts sind meist gar kein Problem. Rohes Gemüse ist meist schon weniger interessant. Hier ein paar Tipps, wie die Umstellung doch gelingen kann:

- Erklären Sie den Kindern, dass die verschiedenen Gemüsesorten Ihre Superhelden-Kräfte stärken. Karotten verleihen ihnen den Röntgenblick, mit dem sie in Windeseile jeden Schurken ausfindig machen. Brokkoli hält fit. Spinat macht stark wie Popeye. (Das haben meine Eltern mir zumindest in meiner Kindheit gesagt. Und siehe da: Sie hatten recht!)
- Geben Sie immer wieder milde grüne Blätter in ihre Smoothies. Und für die Farbe ein paar Heidelbeeren, damit's nicht gar so „grün" aussieht!
- Lassen Sie sie in der Küche mithelfen.
- Arbeiten Sie mit den Kindern gemeinsam im Garten, damit sie lernen, woher ihre Nahrung kommt. Etwas zu essen, das sie selbst angebaut haben, ist für die Kinder meist der totale Kick.

Leben mit einer Familie, die weiterhin gegarte Nahrung isst

Wenn Sie es allein durchziehen, müssen Sie lernen, für die Familie und sich selbst getrennt zu kochen. Sie können beispielsweise rohköstliche Gerichte in den Speiseplan mit einbauen oder zu den gegarten Gerichten Ihrer Lieben Salate und rohköstliche Suppen reichen. Hier ein paar familienfreundliche Gerichte:

- Kirschen-Hanf-Müsli mit Vanille-Cashew-Hanfmilch (Seite 44)
- Sämige Maissuppe (Seite 73)
- Nacho-Käse-Dip (Seite 86)
- Guacamole mit Räucheraroma (Seite 86)
- Hummus aus rotem Paprika (Seite 85)
- Drei-Pfeffer-Gemüsechili (Seite 123)
- Pasta marinara von Zucchininudeln (Seite 126)
- Wassermelonen-Tomaten-Salat (Seite 107)
- Erdbeer-Spinat-Salat (Seite 99)
- Frucht-Smoothies, Getränke und Desserts

Bestimmte Rezepte in diesem Buch eignen sich zum sachten Erwärmen. Dann können Sie selbst sie roh essen, für Ihre Familie aber warm auf den Tisch bringen.

Häufig erreicht mich die Frage, ob es denn gesunde gegarte Nahrungsmittel gibt. In diesem Fall empfehle ich Nahrungsmittel, die den Körper leicht basisch machen wie:

- gedämpftes Gemüse und gedämpfter Kürbis
- gebratene oder gebackene Gemüse- und Kürbissorten (Wenn Sie bei hoher Temperatur garen, sollten Sie Kokosöl verwenden.)
- Gemüsesuppen
- Quinoa, ein vielseitiges, glutenfreies Getreide (vor der Verwendung unbedingt einweichen)
- Linsen (nicht aus der Dose)
- Shirataki-Nudeln aus dem Mehl der Konjakwurzel, das nur wenig Kohlehydrate enthält

Tipps zum Zeitsparen

Je sicherer Sie in der Küche werden, desto schneller wird es Ihnen gelingen, ein leckeres Rohkostmenü zusammenzustellen. Hier ein paar Tipps, wie Sie die Arbeitsabläufe aufeinander abstimmen können.

Die Planung

Ein paar Grundnahrungsmittel sollten Sie immer griffbereit haben, damit Sie nicht den ganzen Tag über in der Küche stehen. Nehmen Sie sich einmal pro Woche ein paar Stunden Zeit, um Dressings, Saucen, Desserts und so weiter zuzubereiten, die sich im Kühlschrank gut 1 Woche lang halten. Ich lasse dabei meine Lieblingsmusik laufen oder höre mir eine CD mit inspirierenden Texten an.

Einmal pro Woche

- Halten Sie immer zwei Salatdressings vorrätig wie zum Beispiel das Tahin-Dressing von Seite 127 oder die Chipotle-Ahornsirup-Vinaigrette von Seite 108. (Zubereitung: 15 Minuten)
- Machen Sie zwei bis drei Würzpasten, die Sie für Wraps oder Leinsamen-Cracker verwenden können, zum Beispiel Hanfsamenbutter (Seite 147), Hummus aus rotem Paprika (Seite 85) und Nacho-Käse-Dip (Seite 86). (Zubereitung: etwa 45 Minuten)
- Bereiten Sie zwei Desserts im Voraus zu, zum Beispiel den Schoko-Kokos-Splitter (Seite 149) und die Hafer-Walnuss-Rosinen-Kekse (Seite 158). (Zubereitung: etwa 30 Minuten)
- Vanille-Cashew-Hanf-Milch (Seite 59) und Ihre Lieblings-Nussmilch sollten ebenfalls immer vorrätig sein. (Zubereitung: 5 Minuten)
- Waschen Sie alle Ihre Lebensmittel gründlich und lagern Sie sie wie angegeben (siehe Seite 30), damit sie ein paar Tage lang frisch bleiben. Sehr praktisch ist auch ein kleiner Vorrat an Karottenstäbchen, Paprikastreifen und Selleriestängeln. Gehackte Zwiebeln bleiben im Kühlschrank 2 bis 3 Tage lang frisch. (Zubereitung: etwa 15 Minuten)

Alles in allem brauchen Sie dafür pro Woche etwa 2 Stunden.

Was sonst noch hilft, um Zeit zu sparen

Die meisten Menschen sind heute viel beschäftigt, daher helfen zeitsparende Maßnahmen uns, unseren Ernährungsplan konsequent durchzuhalten. Wenn Sie also zeitlich in arge Nöte geraten, können Sie sich an folgende Tipps halten:

Feld- oder Wildsalat kaufen:
Feld- und Wildsalate lassen sich schnell unter Wasser abspülen und sind dann mehr oder weniger genussfertig. Auch Spinat ist recht schnell angerichtet.

Vorschneiden für unterwegs:
Nehmen Sie sich vorgeschnittenes Obst und Gemüse mit, wenn Sie unterwegs sind.

Vorbereiten:
Karottenstäbchen, Zwiebelwürfel und Gurkenscheiben bleiben frisch, auch wenn sie am Abend vorher geschnitten wurden. Auch Ananas- und Melonenwürfel sparen viel Zeit, wenn es darauf ankommt. Achten Sie aber immer darauf, biologisch-organisch angebaute Ware zu kaufen.

Einfrieren:
Sorgen Sie dafür, dass Sie stets einen Beutel tiefgekühlter Beeren, Mangos, Ananas und Kirschen im Gefrierschrank haben. So lässt sich im Nu ein schneller Smoothie mixen.

Abgepackte Mandelmilch:
Ungesüßte Mandelmilch im Tetrapak (natürlich aus unbehandelten Mandeln) schmeckt nicht halb so gut wie hausgemachte, aber sie rettet uns aus der Verlegenheit, falls aus irgendeinem Grund die Nüsse ausgehen.

Ingwersaft:
Ingwersaft finden Sie in vielen Naturkostläden und Bio- oder Asiamärkten. 1 Esslöffel entspricht 1 Teelöffel geraspeltem frischem Ingwer. Schütteln Sie die Flasche, bevor Sie den Saft verwenden.

Guacamole, Hummus und rohe Tomatensaucen:
Diese drei Leckereien gibt es im Kühlregal Ihres Naturkostanbieters. Frisch gemacht und von Ihnen persönlich gewürzt schmeckt all das natürlich besser, aber wenn's mal schnell gehen muss ...

Fertige Rohkostware:
Bei bestimmten Versendern im Internet (zum Beispiel bei *www.keimling.de*) bekommen Sie rohköstliche Cracker, Brote und Kekse. Diese sind meist zwar nicht ganz billig, aber eine kleine (Finanz-) Sünde wert. Und im Notfall sparen Sie damit enorm viel Zeit.

Kapitel 3

Raw & Simple – Die Rezepte

Was Sie beachten sollten

- Lesen Sie die Rezepte, bevor Sie loslegen. Zutaten, die vorbereitet werden müssen, habe ich extra aufgeführt.
- Wenn ich ein Gericht zum ersten Mal zubereite, halte ich mich an die vorgegebenen Mengen. Dann mache ich mir Notizen, um das Rezept beim nächsten Mal nach meinem Geschmack abzuwandeln.
- Viele Rezepte ergeben vergleichsweise kleine Mengen, weil ich sie ja nur für meinen Mann und mich zubereite (und wir essen nicht viel). Wenn Sie für die ganze Familie oder für mehrere Tage kochen, dann verdoppeln Sie die Mengen einfach. Nur den Salzgehalt sollten Sie nicht verdoppeln. Versuchen Sie es lieber erst mal mit 50 Prozent mehr Salz.
- Da Früchte und Gemüse je nach Jahreszeit in Geschmack und Größe variieren können, habe ich für manche Lebensmittel die Mengen nur annähernd angegeben.
- So finden Sie zum Beispiel 2 bis 4 Esslöffel (30 bis 60 Milliliter) Zitronensaft oder 1 bis 2 Knoblauchzehen. Fangen Sie mit der kleineren Menge an und geben Sie dann langsam mehr dazu, um das Gericht nicht zu überwürzen.
- Passen Sie die Mengen Ihren Bedürfnissen an. Ich habe immer die geringstmögliche Menge an Salz und Süßungsmitteln angegeben, Sie können also ruhig mehr davon nehmen. Dasselbe gilt für Olivenöl, Zitronensaft und Gewürze. Bei den Angaben „Nach Belieben würzen oder abschmecken", die Sie bei manchen Rezepten finden, können Sie die Mengen ganz nach eigenem Geschmack variieren.
- Sie können einzelne Zutaten auch ersetzen. Vielleicht haben Sie gerade genug von Cashewkernen. Dann nehmen Sie stattdessen Mandeln oder Macadamianüsse. Oder Sie mögen gar keine Nüsse mehr, dann greifen Sie zu Sonnenblumen- oder Kürbiskernen. Natürlich verändert sich dadurch auch der Geschmack des Gerichts, doch vielleicht schmeckt es Ihnen dann noch besser. Dasselbe gilt für Blattgemüse, Süßungsmittel, Kräuter und Gewürze.
- Bei vielen Rezepten habe ich Tricks und Tipps zum Variieren angegeben. Experimentieren Sie einfach damit nach Geschmack und Belieben. So steht bei Ihnen und Ihrer Familie immer Abwechslung auf dem Speiseplan.

Frühstück

Steinobst mit Mandel-Ricotta

Honig, Minze und Zitrusaromen prägen den Geschmack dieses sommerlichen Obstsalates. Schmeckt einfach traumhaft mit Mandel-Ricotta.

Für 2 bis 4 Portionen
Vorbereitung: 1 Rezept Mandel-Ricotta (Seite 141)
Zubereitung: 15 Minuten

DRESSING

2 Esslöffel (40 g) kalt geschleuderter Honig *oder* Agavendicksaft in Rohkostqualität
2 Esslöffel (30 ml) Olivenöl
½ Esslöffel (8 ml) Zitronensaft
½ Esslöffel (9 ml) Orangensaft
1 Teelöffel Apfelessig

SALAT

1 Pfirsich
1 Pflaume
½ Tasse (80 g) Kirschen, entsteint und in Scheiben geschnitten
2 Aprikosen, entsteint und in Scheiben geschnitten
1 Rezept Mandel-Ricotta (Seite 141)
¼ Tasse (20 g) Mandeln, gehackt
¼ Tasse (6 g) frische Minze, fein gehackt

Die Zutaten für das Dressing in einer kleinen Schüssel mit dem Schneebesen verrühren. Die Pfirsich-, Pflaumen-, Kirschen- und Aprikosenstücke auf einem Teller oder in einer Schale anrichten und das Dressing darüber träufeln. Einen kleinen Löffel Mandel-Ricotta daraufsetzen und mit gehackter Minze und Mandeln garnieren.

Pikantes Avocado-Frühstück

Wenn Sie es herzhaft mögen und früher gern Rührei zum Frühstück gegessen haben, sollten Sie diese rohe Köstlichkeit unbedingt probieren. Und bereiten Sie sie mit schwarzem Hawaii-Salz zu (das gemahlen rosa schimmert). Es enthält viel Schwefel und verleiht der Avocado ein einartiges Aroma. Mit diesem ungewöhnlichen Würzmittel können Sie auch Chutneys und andere indische Leckereien verfeinern.

Für 2 Portionen
Zubereitung: 15 Minuten

MARINIERTES GEMÜSE

1 Tasse (70 g) Shiitake-Pilze, in Scheiben geschnitten
1 Tasse (30 g) Spinat, grob geschnitten
1 Esslöffel (15 ml) Tamari
½ Esslöffel (8 ml) Olivenöl
1 Teelöffel weiße Zwiebeln, fein gehackt

Alle Zutaten in ein Deckelglas geben und ordentlich durchschütteln. 5 oder 10 Minuten ruhen lassen, während Sie das Avocado-„Rührei" zubereiten.

AVOCADO-SCRAMBLE

1 große Avocado
⅛–¼ Teelöffel Kurkuma (wenn gewünscht)
Hawaii-Salz *oder* Meersalz zum Abschmecken
1 Fleischtomate, entkernt und gewürfelt

Zerdrücken Sie die Avocado grob mit einer Gabel. Arbeiten Sie dabei Kurkuma und Salz unter. Dekorativ auf einem Teller anrichten. Mit dem marinierten Gemüse und den Tomatenwürfeln garnieren.

Haferbrei mit Bananen und Walnüssen

Dies ist mein Lieblingsfrühstück für die harten Tage, an denen die Seele ein paar Streicheleinheiten braucht. Wenn Ihnen die Bananen zu süß und zu stärkehaltig sind, können Sie das Rezept ersatzweise mit zwei großen Äpfeln zubereiten.

Für 2 bis 4 Portionen
Vorbereitung: 1 Rezept ungesüßte Mandel- oder Cashewmilch (Seite 59)
Zum Einweichen: Den Haferschrot am Abend davor einweichen.
Zubereitung: 15 Minuten

1⅓ Tassen (200 g) Haferschrot, 12 Stunden eingeweicht und abgegossen (gibt 2 Tassen *oder* 300 g feuchten Schrot)
2 kleine Bananen
1 Teelöffel Zimtpulver
Mark von ½ Vanilleschote
1 Prise Meersalz
½ Tasse (120 ml) ungesüßte Mandel- *oder* Cashewmilch (Seite 59)
½ Tasse (115 g) Bananenscheiben zum Garnieren
⅓ Tasse (40 g) Walnüsse, gehackt
Ahornsirup (wenn gewünscht)

Den feuchten Haferschrot mit Bananen, Zimt, Vanille, Salz und 1 bis 2 Esslöffel Nussmilch in die Küchenmaschine geben und verrühren, bis die gewünschte Konsistenz erreicht ist.

Anmerkung: Ich persönlich mag den Haferschrot lieber etwas gröber, jedenfalls nicht ganz fein. Dann schnellt der Blutzuckerspiegel nicht so in die Höhe und ich bleibe länger satt.

Die Mischung in zwei Schalen geben und noch ein paar Esslöffel Nussmilch unterrühren. Mit Bananenscheiben belegen, gehackte Walnüsse darübergeben und mit Zimt bestreuen. Wahlweise mit einem dünnen Faden Ahornsirup verfeinern und servieren.

Juditas Trick: Warm können Sie dieses Gericht genießen, indem Sie den Haferschrot zusammen mit etwas Nussmilch vorsichtig auf dem Herd erwärmen. Da der Brei schnell fest wird, sollten Sie ihn nicht aus den Augen lassen. Wenn Sie einen Dörrautomaten besitzen, können Sie den Schrot auch eine Stunde lang bei 62,8 °C Grad anwärmen.

Ein gesunder Tipp: Jahrhundertelang haben die Menschen ihr Getreide vor dem Verzehr eingeweicht, um Enzymhemmer und Phytinsäure auszuschwemmen, die die Aufnahme von wichtigen Mineralstoffen wie Zink, Kalzium, Magnesium und Eisen blockieren. Einige im Handel befindliche Hafersorten enthalten Spuren von Gluten. Wenn Sie also eine Glutenallergie haben, sollten Sie nur glutenfreien Hafer kaufen.

Leckerer Chiapudding in drei Variationen

Chia sind äußerst nahrhafte und vielseitige Samen. Sie enthalten viele essenzielle Omega-3- und Omega-6-Fettsäuren sowie Ballaststoffe und Proteine. Ich mache aus Chiasamen gern Pudding, den Sie zum Frühstück oder als Dessert genießen können. Chiasamen versorgen den Körper mit Feuchtigkeit und stabilisieren den Blutzuckerspiegel. Wenn Sie Xylitol verwenden, können Sie den Pudding sogar vollkommen zuckerfrei zubereiten.

Kardamom-Rosinen-Pudding

Jeder, den ich kenne, liebt diesen Chiapudding. Vielleicht probieren Sie also zuerst diese Variante aus.

Für 2 Portionen
Vorbereitung: 1 Rezept ungesüßte Mandel- oder Cashewmilch (Seite 59)
Zum Einweichen: 2 Stunden oder über Nacht
Zubereitung: 15 Minuten

1 Tasse (240 ml) ungesüßte Mandel- *oder* Cashewmilch (Seite 59)
3 Esslöffel (45 g) Chiasamen
2–3 Esslöffel (30–45 ml) Xylitol *oder* 2 Esslöffel (30 ml) Agavendicksaft in Rohkostqualität
½ Teelöffel Zimtpulver
¼–½ Teelöffel Kardamom
2 Esslöffel (30 g) Rosinen
¼ Tasse (30 g) Walnüsse, gehackt

Nussmilch mit allen Zutaten bis auf die Walnüsse verrühren und kurz durchmischen. 10 Minuten stehen lassen, dann erneut gründlich umrühren. Für ein paar Stunden, besser noch über Nacht, in den Kühlschrank stellen, damit die Chiasamen das Nussaroma annehmen. Zum Servieren einfach mehr Nussmilch oder Chiasamen zugeben, bis die gewünschte Konsistenz erreicht ist. Mit Walnüssen bestreut servieren.

In einem luftdicht verschließbaren Behälter ist der Pudding im Kühlschrank 2 bis 3 Tage haltbar.

Superfood-Pudding

Mit Superfoods in einen super Tag starten! Variieren Sie sie nach Belieben, und Ihr Chiapudding wird zu einer echten Vitalstoffbombe, zum Beispiel mit Lucuma-, Mesquite- oder Macapulver, Physalis, Maulbeeren oder Gojibeeren.

Für 2 Portionen
Vorbereitung: 1 Rezept ungesüßte Mandel- oder Cashewmilch (Seite 59)
Zum Einweichen: 2 Stunden oder über Nacht
Zubereitung: 15 Minuten

1 Tasse (240 ml) ungesüßte Mandel- *oder* Cashewmilch (Seite 59)
3 Esslöffel (45 g) Chiasamen
2–3 Esslöffel (30–45 ml) Xylitol *oder* 2 Esslöffel (30 ml) Agavendicksaft in Rohkostqualität
2 Esslöffel (30 g) Hanfsamen
2 Esslöffel (30 g) Gojibeeren
1 Esslöffel (15 g) ungesüßte Kokosraspel
1 Esslöffel (15 g) Kakaonibs

Nussmilch mit allen Zutaten gut verrühren. 10 Minuten stehen lassen, dann erneut gründlich umrühren, sodass die Aromen sich gut vermischen. Für ein paar Stunden, besser noch über Nacht, in den Kühlschrank stellen, damit die Chiasamen sich vollsaugen können. Zum Servieren entweder mehr Nussmilch oder mehr Chiasamen zugeben, bis die gewünschte Konsistenz erreicht ist.

In einem luftdicht verschließbaren Behälter ist der Pudding im Kühlschrank 2 bis 3 Tage haltbar.

Haselnuss-Schoko-Pudding

Schokolade zum Frühstück? Am liebsten mit dem Geschmack von leckerer Haselnuss-Schoko-Creme! Bereiten Sie den Pudding schon am Abend zu, sodass Sie ihn zum Frühstück gleich genießen können.

Für 2 Portionen
Zum Einweichen: 2 Stunden oder über Nacht
Zubereitung: 15 Minuten

1 Tasse (240 ml) gefiltertes Wasser
¼ Tasse (40 g) Haselnüsse
3 Esslöffel (45 g) Chiasamen
3 Esslöffel (30–45 ml) Xylitol *oder* 2½ Esslöffel (40 ml) Agavendicksaft in Rohkostqualität
1½ Esslöffel (25 g) Kakaopulver in Rohkostqualität
1 Esslöffel (7 g) Haselnüsse, gehackt
1 kleine Banane, in Scheiben geschnitten

Wasser und Haselnüsse im Mixer zu einer glatten Flüssigkeit verarbeiten und anschließend durch einen Nussmilchbeutel (siehe Seite 27) abgießen. Die Haselnussmilch mit Chiasamen, Süßungsmittel und Kakaopulver verrühren. 10 Minuten setzen lassen, dann erneut gründlich umrühren.

Über Nacht in den Kühlschrank stellen, damit die Chiasamen die Aromen aufnehmen können. Mit Bananenscheiben und gehackten Haselnüssen servieren.

Im Kühlschrank hält sich der Pudding 3 Tage.

Juditas Tipp: Haselnüsse müssen nicht eingeweicht werden, denn sie enthalten keine Enzymhemmer.

Smoothies

Apfelstrudel-Smoothie sehr lecker

Ein spaßiger und wohliger Start in den Tag – vor allem, wenn im Herbst die Saison der frischen, knackigen Äpfel anbricht. Ich mag meinen Apfelstrudel-Smoothie am liebsten bei Zimmertemperatur und streue mir etwas Kirschen-Hanf-Müsli (Seite 44) darüber. Je nach Sorte können Äpfel süß oder säuerlich schmecken, geben Sie also dementsprechend weniger oder mehr Zitronensaft und/oder Süßungsmittel dazu.

Für 2 Portionen
Vorbereitung: Ungesüßte Mandel- oder Cashewmilch (Seite 59)
Zubereitung: 15 Minuten

1½ Tassen (360 ml) ungesüßte Mandel- *oder* Cashewmilch (Seite 59)
3 große Äpfel Ihrer Lieblingssorte, geschält, entkernt und klein geschnitten
½ Teelöffel Zimtpulver *oder* Lebkuchengewürz
2–4 Esslöffel (30–60 ml) Zitronensaft
3 Esslöffel (15 g) gemahlene Chiasamen
Mark von ½ Vanilleschote
Süßungsmittel nach Wahl zum Abschmecken
Zimtpulver zum Garnieren

Alle Zutaten in den Mixer geben und glatt pürieren. In ein Glas geben, mit Zimt bestreuen und vor dem Servieren noch 5 Minuten stehen lassen.

Juditas Trick: Wie wär's mit ein bisschen Grün in Ihrem Smoothie? Mit einer Handvoll jungem Spinat oder einem anderen Blattgemüse verpassen Sie Ihrem Smoothie die Extraration Vitalstoffe.

Ein gesunder Tipp: Finnische Wissenschaftler haben herausgefunden, dass Menschen, die regelmäßig Äpfel essen, ein deutlich geringeres Schlaganfallrisiko haben. Äpfel enthalten viele Antioxidantien und Ballaststoffe. Sie regulieren den Blutzucker- sowie den LDL-Cholesterinspiegel. Ihr hoher Pektingehalt reduziert zudem das ungesunde Bauchfett und befreit den Darm von unerwünschten Toxinen.

Kürbis-Smoothie

Oft fragte ich mich, was ich mit den riesigen Kürbissen in meinem Garten anfangen sollte, bis ich entdeckte, wie fantastisch roher Kürbis schmeckt.

Für 2 Portionen
Vorbereitung: 1 Grundrezept Mandelmilch (Seite 59)
Zubereitung: 15 Minuten

1 Tasse (240 ml) Mandelmilch (Seite 59)
2 Tassen (300 g) frischer Kürbis, klein geschnitten
¾ Teelöffel Lebkuchengewürz
6 Medjoul-Datteln, entsteint
Mark von ¼ Vanilleschote
4 Eiswürfel
1 Prise Meersalz zum Abschmecken

Alle Zutaten in den Mixer geben und glatt pürieren. Nach Belieben würzen. Wenn die Mischung zu sämig wird, mehr Mandelmilch dazugeben.

Schoko-Bananen-Smoothie

Dieser sämige, nussige Smoothie ist der Lieblings-Drink meines Mannes. Er trinkt ihn, bevor er zum Surfen geht, weil der Schoko-Bananen-Smoothie ihn den ganzen Vormittag lang satt macht und bei Laune hält.

Für 2 Portionen
Vorbereitung: Ihre Lieblings-Nussmilch (Seite 59) und gefrorene Bananenscheiben (legen Sie sie am Abend davor ins Gefrierfach.)
Zubereitung: 10 Minuten

1½ Tassen (360 ml) Mandel- *oder* Cashewmilch (Seite 59)
2 Tassen (300 g) gefrorene Bananenscheiben
½ Tasse (40 g) ungesüßte Kokosraspel
3 Esslöffel (45 g) Kakaonibs
3 Esslöffel (45 g) Kakaopulver in Rohkostqualität
2 Esslöffel (30 g) Mandelmus in Rohkostqualität
Süßungsmittel nach Belieben

Alle Zutaten in einem guten Mixer glatt pürieren und sofort servieren. Wenn Sie den Smoothie flüssiger mögen, geben Sie mehr Nussmilch zu.

Juditas Trick: Verpassen Sie Ihrem Smoothie ein Plus an Proteinen oder erhöhen Sie seinen Gehalt an natürlichen Vitalstoffen mit Superfoods, zum Beispiel mit Macapulver, Tocotrienolen, Reishi- oder Chagapilzpulver.

GRÜNE SMOOTHIES

An dieser Stelle sei Victoria Boutenko gedankt, die zusammen mit ihrer Familie den Grünen Smoothie weltweit bekannt gemacht hat. Grüne Smoothies bestehen aus Obst oder Gemüse, enthalten jedoch einen hohen Anteil an grünen Blättern, wie etwa Spinat, Grünkohl, Weizengras, Romana- oder Kopfsalat, Rucola, Gänsefuß und dergleichen mehr. Jeder Smoothie in diesem Buch kann in einen grünen Smoothie verwandelt werden, ohne dabei an Wohlgeschmack zu verlieren. Süße Früchte oder Zitronen- und Limettensaft gleichen die bittere Note einiger grüner Gemüse aus. Fangen Sie mit zarten Spinatblättern an, um dann immer herzhaftere grüne Blattgemüse in Ihre Smoothies zu geben. Diese gleichen vor allem den blutzuckersteigernden Effekt von Fruchtsmoothies aus, weil sie besonders viele Ballast- und Mineralstoffe enthalten. So bleibt der glykämische Index niedrig und der Fruchtzucker geht entsprechend langsamer ins Blut über. Mehr Rezepte zu grünen Smoothies finden Sie in meinem Buch *Going Raw* sowie in Victoria Boutenkos Büchern *Green for Life* und *Grüne Smoothies* (siehe „Literaturverzeichnis", Seite 169).

Gemüse-Smoothie

Peppen Sie diesen leckeren Smoothie doch mit Basilikum, Koriandergrün, Petersilie oder Dill aus Ihrem Garten auf. Auch ein kleines Stück Serrano-Chili oder eine Prise Cayennepfeffer verleiht ihm das besondere Etwas.

Für 2 Portionen
Zubereitung 15 Minuten

1 Tasse (240 ml) gefiltertes Wasser
1 Tasse (30 g) Spinat *oder* Grünkohl
1 Tomate, entkernt und klein geschnitten
1 rote Paprikaschote, entkernt und klein geschnitten
½ Salatgurke, klein geschnitten
1 Stängel Stangensellerie, klein geschnitten
Saft von ½ Zitrone
1 kleine Knoblauchzehe
½ Avocado
ein paar Blätter von Ihren Lieblings-Kräutern
1 Prise Meersalz zum Abschmecken

Alle Zutaten im Mixer gut pürieren. Nach Belieben würzen und sofort servieren.

Tropico Gelato

Den Tropico Gelato können Sie einfach weglöffeln. Ich habe diese Köstlichkeit in vielen Restaurants in Santa Teresa in Costa Rica gesehen und dann zu Hause ausprobiert. Dafür brauchen Sie allerdings wirklich einen Hochleistungsmixer (siehe Seite 27). Arbeiten Sie am besten mit dem Stopfer, um das Mixgut in die Messer zu drücken.

Für 2 Portionen
Vorbereitung: Kokosmilch (Seite 29)
Zubereitung 10 Minuten

½ Tasse (120 ml) Kokosmilch (Seite 29)
1 Tasse (175 g) frische *oder* aufgetaute Tiefkühl-Mango
1 Tasse (150 g) gefrorene Bananenstücke
1 Tasse (160 g) gefrorene Ananasstücke

Alle Zutaten in den Mixer geben und glatt pürieren. Die Masse sollte so dickflüssig wie Halbgefrorenes sein. Sofort servieren.

Kirsch-Kakao-Smoothie

Meine Smoothie-Tester, die noch „normal" essen, schwören auf diesen Smoothie. Sie finden ihn so lecker wie die populäre Eissorte, die nach dem bekannten Leadgitarristen von *Grateful Dead* benannt ist. Ich finde, sie schmeckt einfach himmlisch.

Für 2 Portionen
Vorbereitung: Mandel- oder Cashewmilch (Seite 59)
Zubereitung: 10 Minuten

2 Tassen (310 g) frische *oder* aufgetaute Tiefkühl-Kirschen, entsteint
2 Tassen (120 g) Fleisch von Trinkkokosnüssen
½ Tasse (120 ml) Mandel- *oder* Cashewmilch (Seite 59)
1½ Esslöffel (23 g) Kakaonibs
Mark von ½ Vanilleschote
1 Prise Meersalz
4 Eiswürfel (wenn gewünscht mehr)
flüssiges Stevia *oder* Süßungsmittel nach Wahl zum Abschmecken

Alle Zutaten im Hochleistungsmixer glatt pürieren.

Ein gesunder Tipp: Kirschen enthalten 19-mal mehr Betakarotin als Erdbeeren oder Heidelbeeren. Sie wirken antientzündlich und enthalten sogar natürliches Melatonin, ein Zirbeldrüsenhormon, das den Schlaf reguliert.

Im Uhrzeigersinn:
Tropico Gelato, Kirsch-Kakao-Smoothie, Superfood-Smoothie mit Kokosnuss und Beeren (Seite 56) und Orangenblüten-Smoothie (Seite 56)

Orangenblüten-Smoothie

Dieser leicht schaumige Orangen-Smoothie enthält einige der vollkommensten Lebensmittel, die die Natur uns geschenkt hat. Bereiten Sie ihn am besten mit Orangenblüten-Honig zu. Sein zarter Duft verleiht dem Getränk eine besonders feine Note.

Für 2 bis 3 Portionen
Zubereitung: 15 Minuten

3 Orangen, geschält und klein geschnitten
¼ Cantaloupe-Melone, klein geschnitten
1 Esslöffel (15 g) Blütenpollen
Mark von ½ Vanilleschote
½ Esslöffel (10 g) kalt geschleuderter Honig
4 Eiswürfel

Alle Zutaten in den Mixer geben und glatt pürieren. Mit Honig nach Belieben abschmecken.

Ein gesunder Tipp: Honig wirkt gegen Bakterien, Pilze und Viren. Blütenpollen enthalten nahezu hundert Vitamine, Mineralstoffe, Enzyme und Aminosäuren, die unser Immunsystem stärken und zudem cholesterinsenkend und antikarzinogen sind. Beide Bienenprodukte sollten Sie jedoch in Rohkostqualität aus fairem Handel kaufen. Wenn Sie gegen Honig oder Blütenpollen allergisch sind, ist dieser Smoothie allerdings nichts für Sie!

Superfood-Smoothie mit Kokosnuss und Beeren

Ich peppe diesen cremigen Smoothie gern mit leckeren, aber weniger bekannten Superfoods wie Tocotrienolen, Mesquite- und Lucumapulver auf. Allerdings schmeckt er auch ohne diese Extras herrlich, falls Sie diese nicht bekommen sollten.

Für 2 Portionen
Vorbereitung: 1 Tasse (240 ml) Kokosmilch (Seite 29) und ½ Tasse Nussmilch nach dem Grundrezept (Seite 59)
Zubereitung: 10 Minuten

2 Tassen (300 g) Beeren-Mischung, gefroren
1 Tasse (240 ml) Kokosmilch (Seite 29)
½ Tasse (120 ml) Nussmilch (Seite 59) ***oder*** **gefiltertes Wasser**
1–2 Esslöffel (15–30 g) Xylitol ***oder*** **Süßungsmittel nach Wahl**
Mark von ½ Vanilleschote
2 Esslöffel (30 g) Tocotrienolpulver (wenn gewünscht)
1 Esslöffel (15 g) Mesquitepulver (wenn gewünscht)
½ Esslöffel (8 g) Lucumapulver (wenn gewünscht)

Alle Zutaten im Mixer glatt pürieren.

Ein gesunder Tipp: Tocotrienole sind wertvolle Nahrungsergänzungen, die zum Beispiel aus Reiskleie gewonnen werden. Sie gleichen den Vitaminen der E-Gruppe und wirken stark antioxidativ. Zudem verstärken sie offensichtlich die Wirkung von einigen Medikamenten, die zur Chemotherapie eingesetzt werden, sodass man dann mit geringeren Dosen auskommt. Darüber hinaus wirken Tocotrienole zellschützend.

Mesquitepulver: Die Indios in Südamerika essen die Samenkapseln des Mesquitebaumes schon seit Jahrhunderten. Getrocknet und zu Pulver gemahlen schmecken sie süß und rauchig, mit einer leichten Karamellnote. Sie können damit Smoothies und Desserts süßen, es aber auch als Mehlersatz verwenden. Es hat einen niedrigen glykämischen Index, enthält viele Ballaststoffe sowie die essenzielle Aminosäure Lysin und zudem Kalzium, Eisen, Mangan, Zink und Kalium.
Lucumapulver: Die Lucumafrucht stammt aus der uralten Kultur der Inkas. Das Fruchtfleisch wird getrocknet und zu feinem Mehl vermahlen, das süß schmeckt und an Ahornsirup erinnert. Sie können es für Smoothies, Eiscreme und andere Desserts verwenden. Es hat einen niedrigen glykämischen Index und enthält Eisen, Kalzium, Proteine, Ballaststoffe und zahlreiche Spurenelemente.

Haselnuss-Feigen-Shake

Zu diesem äußerst köstlichen Smoothie hat mich eine ähnliche Kreation aus meinem Lieblingscafé, dem *Café Gratitude*, inspiriert.

Für 2 Portionen
Vorbereitung: 1½ Tassen (225 g) gefrorene Bananenstücke (Legen Sie sie am Abend davor ins Gefrierfach.)
Zubereitung: 10 Minuten

2 Tassen (480 ml) gefiltertes Wasser
½ Tasse (90 g) Haselnüsse
6 kleine getrocknete Feigen
1½ Tassen (225 g) gefrorene Bananenstücke
Mark von ½ Vanilleschote
1 Prise Meersalz

Wasser und Haselnüsse im Mixer so lange pürieren, bis die Haselnüsse vollständig vermahlen sind. Die Mischung durch einen Nussmilchbeutel (siehe Seite 27) abgießen. Die abgegossene Flüssigkeit wieder in den Mixer geben. Mit den restlichen Zutaten vermengen, glatt pürieren und sofort servieren.

LAIT PUR DE NORMAN
ARRIVAGE 2 FOIS PAR
Le bon lait

Getränke

Nussmilch (Grundrezept)

Nussmilch selbst herzustellen ist einfacher, als es klingt. Wenn Sie den Dreh erst einmal heraushaben, greifen Sie garantiert nie wieder zu Nussmilch aus dem Tetra-Pak!

Zum Einweichen: 2 bis 12 Stunden
Zubereitung: 5 Minuten

1 Tasse (220 g) Nüsse, eingeweicht und abgegossen (siehe Seite 28)
4 Tassen (960 ml) gefiltertes Wasser

Nüsse und Wasser im Mixer glatt pürieren. Durch einen Nussmilchbeutel (Seite 27) abgießen. Die Nussmilch nach Belieben süßen.

Bleibt im Kühlschrank 3 bis 4 Tage lang frisch. Vor dem Servieren gründlich durchrühren.

Juditas Trick: Die übrig gebliebene Nussmasse können Sie im Dörrautomaten trocknen, zu feinem Pulver mahlen und für Desserts verwenden. Im Kühlschrank hält sich das Pulver einige Monate. Wenn Sie keinen Dörrautomaten haben, können Sie mit der Nussmasse auch in Ihr Müsli aufpeppen.

Vanille-Cashew-Hanf-Milch

Hanfsamen haben einen erdigen Geschmack, den ich mit Cashewkernen, Vanille und natürlichem Süßungsmittel ausgleiche. Das Tolle an dieser Kombination von Nüssen und Samen ist, dass beim Nussmilch-Machen so gut wie keine Reste bleiben. Daher müssen Sie die Milch auch nicht abgießen, wenn sie keine besonders feine Konsistenz haben soll.

Zubereitung: 5 Minuten
Für 4 Tassen

½ Tasse (75 g) Cashewkerne
½ Tasse (110 g) Hanfsamen
4 Tassen (960 ml) gefiltertes Wasser
¼ Teelöffel flüssiges Stevia *oder* Süßungsmittel nach Wahl
Mark von ½ Vanilleschote
⅛ Teelöffel Meersalz (wenn gewünscht)

Alle Zutaten im Mixer glatt pürieren.

Die Milch hält sich im Kühlschrank 3 bis 4 Tage. Vor dem Servieren gut durchrühren oder in einen Mixbecher geben und kurz durchschütteln.

Veggie Mary

Jahrelang habe ich nach dem besten Rezept für eine Bloody Mary gesucht und glaubte schließlich, es gefunden zu haben – mit Rinderbouillon und Muschelsud. Nun habe ich meine eigene Variation dieses Cocktails kreiert – aus frischen Tomaten und Gemüse der Saison. Die Bloody Mary wird nicht umsonst rund um den kulinarischen Globus als aromatische Delikatesse angesehen. Nur keine Scheu. Erlaubt ist, was gefällt. Und wenn Sie doch einen Spritzer Bio-Wodka dazugeben: Ich werde Sie nicht verraten!

Für 2 Portionen
Zubereitung: 15 Minuten

3 Tassen (540 g) Tomaten, klein geschnitten
1 Tasse (240 ml) gefiltertes Wasser
⅓ Tasse (50 g) roter Paprika, entkernt und gewürfelt
1½ Esslöffel (23 g) Meerrettich, frisch gerieben
1 Jalapeñoschote, entkernt
1 kleine Knoblauchzehe
1 Esslöffel Tamarindenpaste in Rohkostqualität
¼ Teelöffel Selleriesamen
¼ Teelöffel Meersalz zum Abschmecken
1 Spritzer Bio-Tabasco (wenn gewünscht)
1 Prise frisch gemahlener schwarzer Pfeffer
1 Stängel Stangensellerie und 1 Limettenscheibe zum Garnieren

Alle Zutaten in einen Mixer geben und glatt pürieren. Nach Belieben abschmecken, in ein Glas mit Eiswürfeln gießen und servieren.

Juditas Trick: Mit einer Handvoll Spinat wird aus der Veggie Mary im Handumdrehen eine Green Mary.

Cocojito

Von dieser himmlischen Mischung aus Kokosnuss, Limette und Minze kann ich einfach nicht genug bekommen. Der coole Hit für heiße Sommertage!

Für 2 bis 3 Portionen
Vorbereitung: 1 Tasse (240 ml) Kokosmilch (Seite 29)
Zubereitung: 10 Minuten

4 Tassen (510 g) Eis
2 Limetten ohne Schale
1 Tasse (240 ml) Kokosmilch (Seite 29)
1/3 Tasse (100 g) Agavendicksaft *oder* Süßungsmittel nach Wahl
1/3 Tasse (8 g) frische Minzeblätter *oder* 1 Limettenscheibe zum Garnieren

Alle Zutaten in einem Mixer glatt pürieren. In Gläser gießen und mit Minzeblättern oder einer Limettenscheibe garnieren. Sofort servieren.

Erdbeer-Daiquiri

Der Wasserkefir sorgt dafür, dass unser Daiquiri leicht alkoholisch schmeckt. Ein toller Drink für Ihre Sommerparty – und reinigend dazu.

Für 3 bis 4 Portionen
Vorbereitung: 1 Grundrezept Wasser- oder Fruchtkefir (Seite 136)
Zubereitung: 10 Minuten

1½ Tassen (260 g) Erdbeeren, klein geschnitten
1½ Tassen (360 ml) gefiltertes Wasser- *oder* Fruchtkefir (Seite 136)
3 Esslöffel (45 ml) Limettensaft
flüssiges Stevia *oder* Süßungsmittel nach Wahl zum Abschmecken
3 Tassen Eis

Alle Zutaten in den Mixer geben und glatt pürieren. Nach Belieben dekorieren und sofort servieren.

Wassermelonen-Cooler mit Fenchel und Minze

Das ist mein absoluter Lieblings-Drink für den Sommer – und das nicht nur, weil er entgiftend wirkt. Wenn die Wassermelonen reif werden, ernähre ich mich fast ausschließlich davon. Auch Fenchel und Minze wirken kühlend und gleichen die Süße der Wassermelone aus.

Für 2 Portionen
Zubereitung: 10 Minuten

4 Tassen (600 g) Wassermelone, gewürfelt
1 Tasse (150 g) Fenchel, fein gehackt (nur die weißen Blattteile aus der Knolle verwenden)
1/3 Tasse (8 g) frische Minzeblätter
6 Eiswürfel
Süßungsmittel nach Wahl zum Abschmecken

Alle Zutaten in einen Mixer geben und schaumig mixen. Sofort servieren.

Ein gesunder Tipp: Wassermelonen enthalten noch mehr Lykopin als Tomaten sowie zudem Vitamin C und Betakarotin. Sie stärken die Nierenfunktion.

Mocktails für Ihr Detox-Programm

Mit diesen Mocktails mischen Sie garantiert jede Party auf! Aber sie sind auch eine tolle Ergänzung zum Saftfasten. Und kommen immer gut an, wenn Sie Lust auf etwas Besonderes haben. Sie können die Veggie-Cocktails im Mixer zubereiten. Jedes Rezept ergibt etwa 475 ml. Für manche Rezepte brauchen Sie eine Zitruspresse.

Orange mit Garam Masala

1½ Tassen (360 ml) frisch gepresster Orangensaft
½ Tasse (120 ml) Mandel- *oder* Cashewmilch (Seite 59)
¼ Teelöffel Garam Masala

Alle Zutaten im Mixer verrühren. Mit Eiswürfeln servieren.

Honig-Milch-Refresher

1½ Tassen (340 g) Grapefruit-Fruchtfleisch (etwa 3 kleine Grapefruits, filetiert)
¾ Tasse (180 ml) Mandelmilch (Seite 59)
1–2 Esslöffel (20–40 g) kalt geschleuderter Honig

Alle Zutaten im Mixer verrühren. Mit Eiswürfeln servieren.

Perlende Grapefruit

1 Tasse (240 ml) Grapefruitsaft, frisch gepresst
1 Tasse (240 ml) sprudelndes Mineralwasser (Perrier *oder* San Pellegrino)
flüssiges Stevia zum Abschmecken

Den Saft mit Mineralwasser aufgießen und nach Belieben abschmecken. Mit Eiswürfeln servieren.

Green Lady

3 Tassen (510 g) Honig- *oder* Cantaloupe-Melonenstücke
½ Tasse (15 g) Spinat
etwa 2,5 cm frische Ingwerwurzel, geschält und fein gehackt
½ Tasse (120 ml) sprudelndes Mineralwasser (Perrier *oder* San Pellegrino)
flüssiges Stevia zum Abschmecken

Melonenstücke, Spinat und Ingwer in den Mixer geben und glatt pürieren, durch ein feines Tuch abseihen und mit Mineralwasser aufgießen. Mit Eiswürfeln servieren.

Veggies on the Rocks

2 Tassen (300 g) roter Paprika, entkernt und gewürfelt
1½ Tassen (150 g) Stangensellerie, klein geschnitten
¾ Tasse (180 ml) gefiltertes Wasser
⅓ Tasse (45 g) milchsauer vergorenes Sauerkraut mit Saft
1 Spritzer Bio-Tabasco (wenn gewünscht)

Alle Zutaten bis auf die Tabascosauce in den Mixer geben und glatt pürieren. Die Flüssigkeit durch ein feines Tuch abseihen. Mehr Sauerkrautsaft dazugeben, wenn Sie es würziger mögen.

Mit Eiswürfeln und wahlweise einem Spritzer Tabascosauce servieren.

Limetten-Chia-Erfrischung

2 Tassen (480 ml) sprudelndes Mineralwasser (Perrier *oder* San Pellegrino) *oder* gefiltertes Wasser
2 Esslöffel (30 ml) Zitronensaft
2 Esslöffel (30 ml) Limettensaft
1 Esslöffel (15 g) Chiasamen
1 Esslöffel (6 g) frische Minze, fein gehackt
flüssiges Stevia *oder* Süßungsmittel nach Wahl zum Abschmecken

Alle Zutaten in einen Glaskrug geben und verrühren. 10 Minuten durchziehen lassen, noch einmal umrühren und mit Eiswürfeln servieren.

Grapefruit-Chia-Erfrischung

1 Tasse (150 g) rote Trauben
1 Tasse (240 ml) Wasser- *oder* Fruchtkefir (Seite 136) ***oder* sprudelndes Mineralwasser (Perrier *oder* San Pellegrino)**
1 Esslöffel (15 g) Chiasamen

Trauben mit Kefir im Mixer glatt pürieren. Die Mischung in einen Glaskrug geben. Chiasamen hinzufügen und umrühren. 10 Minuten durchziehen lassen, noch einmal umrühren. Mit Eiswürfeln servieren.

Säfte

Frischsäfte sind einfach wunderbar, wenn Sie Ihren Körper mit Vitalstoffen durchfluten wollen. Es ist so viel leichter, einen Riesensalat einfach zu trinken, als ihn 30 bis 40 Minuten lang zu kauen. Und Ihr Körper nimmt die Nährstoffe zudem noch schneller auf, da beim Entsaften die Zellwände der Pflanze aufgebrochen werden. Vitamine, Mineralstoffe und Chlorophyll wandern so vom Magen direkt ins Blut. Gönnen Sie Ihrem Blut einen Sauerstoffkick und Ihrem Gehirn neue Energie! Ein grüner Saft zum Frühstück – und schon sieht der Tag viel freundlicher aus.

Ich finde, Salatgurken und Stangensellerie sind eine ideale Grundlage für alle Säfte. Salatgurken gebe ich auch gern in Fruchtsäfte, weil sie viel Wasser enthalten und so die Süße des Obsts ausgleichen. Entsaften können Sie fast alles (außer Avocados und Bananen). Experimentieren Sie einfach spielerisch mit den Zutaten – und besonders mit allem, was grün ist. Gönnen Sie sich Mangold, Rucola, Brunnenkresse, Brokkoli und Sprossen doch einmal ganz anders, um völlig neue Geschmackserlebnisse zu entdecken.

Tipps zum Saftfasten finden Sie auf Seite 15.

Rote Apfel-Limonade

4 rote Delicious-Äpfel
2 geschälte Zitronen
2 Salatgurken

Rote-Bete-Saft mit Ingwer

1 Rote Bete mit Grün
1 grüner Apfel
1 Salatgurke
½ Zitrone
etwa 2,5 Zentimeter frische Ingwerwurzel

Grüner Gemüsesaft mit Minze

1 Salatgurke
4 Stängel Stangensellerie
1 Tasse (30 g) Spinat
1 Tasse (60 g) Petersilie
1 Limette
1 roter *oder* grüner Apfel
1 kleine Handvoll frische Minze

Roter Gemüsesaft

450 g Karotten
2–3 Fleischtomaten
2 rote Paprikaschoten

Scharfe Tomate

3 reife Fleischtomaten
4 große Stängel Stangensellerie
2 Knoblauchzehen
1 Tasse (40 g) Basilikum
1 Spritzer Bio-Tabasco

Honigmelonen-Cooler

½ mittelgroße Honigmelone (mit Schale, wenn biologisch-organisch angebaut)
1 Salatgurke
1 Tasse (25 g) frische Minze

Grüner Fenchel-Apfel-Saft

1 Salatgurke
1 Fenchelknolle
1 grüner Apfel
1 Handvoll Spinat

Anmerkung: Jedes Rezept ergibt etwa 475 ml Saft.

Tee

In der kalten Jahreszeit wärmt ein Tee von innen. Wenn Sie sich auch im Winter rohköstlich ernähren wollen, ist es unerlässlich, dass Sie hin und wieder etwas Warmes trinken. Hier meine Lieblings-Morgenmischung:

ein paar Scheiben getrocknete Astragaluswurzel
2 Esslöffel (30 g) Gojibeeren
1 Teelöffel Gynostemma-Tee
Mark von ½ Vanilleschote
flüssiges Stevia *oder* Süßungsmittel nach Wahl zum Abschmecken

Alle Zutaten in einen Krug geben und mit 1,2 Liter heißem (nicht kochendem!) Wasser aufgießen. 10 Minuten ziehen lassen und anschließend den Tee genießen. Sie können übrigens einen zweiten Aufguss aus den Zutaten bereiten.

Astragaluswurzel wird in der traditionellen chinesischen Medizin angewendet. Sie stärkt das Immunsystem und wirkt antiviral. Zudem stärkt sie das Qi und schenkt uns Energie. Die Wurzel regt Lungen- und Gallenfunktion an und durchwärmt den Körper.
Gojibeeren enthalten zahlreiche Antioxidantien und haben eine besonders hohe natürliche Anti-Aging-Wirkung. Außerdem verleihen sie Ihrem Tee einen Hauch an Süße.
Gynostemma-Tee (oder Jiaogulan) kommt aus Asien und ist für seine ausgleichenden Eigenschaften bekannt. Er wirkt beruhigend und antientzündlich. Zudem stärkt er das Immunsystem, senkt Cholesterinspiegel und Blutdruck, verbessert die Funktion des Herz-Kreislauf-Systems und reguliert den Blutzucker.

Kombinieren Sie für Ihren Tee doch einmal ungewöhnliche Zutaten wie heilkräftige Pilze, Wurzeln und Kräuter. Sehen Sie sich bei einem Kräuterspezialisten um und lassen Sie sich einen Tee nach Ihrem Geschmack zusammenstellen.

Suppen, Beilagen und Vorspeisen

Sämige Maissuppe

So gut kann erntefrischer Mais schmecken! Diese herzhafte, üppige Suppe ist ideal für Familienfeste oder ein gemütliches Essen mit Freunden, die nicht nur auf die in Rohkostkreisen übliche Gazpacho-Suppe scharf sind. Achten Sie jedoch darauf, dass der Mais aus biologisch-organischem Anbau stammt, denn Importware kann durchaus gentechnisch verändert sein.

Für 4 Portionen
Zubereitung: 20 Minuten

SUPPEN-GRUNDREZEPT

5 Tassen (875 g) frische Maiskörner (etwa 5 Maiskolben) *oder* aufgetaute Tiefkühl-Maiskörner, davon 1 Tasse (130 g) beiseitestellen
2 Tassen (480 ml) gefiltertes Wasser
¼ Avocado
3 Knoblauchzehen
¼ Tasse (60 ml) Limettensaft
1½ Teelöffel Meersalz
½ Teelöffel Chipotle-Chilipulver, *ersatzweise* geräuchertes Paprikapulver (Pimentón de la Vera)
¼ Teelöffel frisch gemahlener schwarzer Pfeffer (wenn gewünscht)

EINLAGE

1 Tomate, entkernt und gewürfelt
½ Avocado, gewürfelt
¼ Tasse (4 g) Koriandergrün
Olivenöl

Wenn Sie frischen Mais verwenden, lösen Sie mit einem Messer zunächst alle Körner vom Kolben.

4 Tassen (700 g) Maiskörner in den Mixer geben. Wasser, Avocado, Knoblauch, Limettensaft, Chipotle-Chilipulver, Salz und Pfeffer dazugeben und glatt pürieren.

Die restlichen Maiskörner unterrühren und die Suppe auf vier Schalen verteilen. Jede Schale mit Tomaten- und Avocadowürfeln, Koriandergrün und einem Spritzer Olivenöl garnieren. Nach Belieben mit frisch gemahlenem schwarzem Pfeffer servieren.

Juditas Tricks: Chipotle-Chilipulver besteht aus gemahlenen geräucherten Jalapeñoschoten. Sie können ersatzweise geräuchertes Paprikapulver (Pimentón de la Vera) verwenden oder ein anderes Gewürz mit dem beliebten Räucheraroma, zum Beispiel geräuchertes Meersalz. In diesem Fall sollten Sie jedoch die Salzmenge im Rezept entsprechend verringern.

Auch leicht erwärmt ist diese Maissuppe eine Delikatesse. Stellen Sie sie dafür auf niedrigster Stufe kurz auf den Herd oder 1 Stunde lang bei 63 °C in den Dörrautomaten.

Ein gesunder Tipp: Mais enthält viele Antioxidantien, Kalium und Folsäure. Gekocht wird er zum stärkehaltigen komplexen Kohlenhydrat, roh ist er aber einfach nur ein ballaststoffreiches Gemüse. Roher Mais ist leichter verdaulich, lässt den Blutzuckerspiegel nicht so stark in die Höhe schnellen und sorgt daher für eine schlanke Taille.

Gurken-Basilikum-Suppe

Diese leichte, cremige Gurkensuppe können Sie auch gekühlt servieren.

Für 4 Portionen
Vorbereitung: Wenn Sie keinen Hochleistungsmixer besitzen, sollten Sie die Cashewkerne einweichen (siehe Seite 28).
Zubereitung: 15 Minuten

2 Salatgurken, geschält, entkernt und in Stücke geschnitten
½ Tasse (75 g) Cashewkerne, 2 Stunden eingeweicht
1 Tasse (240 ml) gefiltertes Wasser
½ kleine Jalapeñoschote, entkernt, *oder* ¼ Teelöffel Cayennepfeffer
1 Knoblauchzehe
1 Tasse (40 g) frisches Basilikum
3–4 Esslöffel (45–60 ml) Zitronensaft
¾ Teelöffel Meersalz
¼ Tasse (6 g) frische Minze, fein gehackt
Oliven- *oder* Leinöl zum Abschmecken

Alle Zutaten bis auf die Minze und das Öl in den Mixer geben und glatt pürieren. Die Gurkensuppe auf vier Schalen verteilen, mit der Minze bestreuen und mit einem Spritzer Öl garnieren. Im Kühlschrank hält sich die Suppe 2 Tage.

Ein gesunder Tipp: Basilikum schmeckt nicht nur einmalig gut, er lässt sich auch in der Küche vielseitig einsetzen. Darüber hinaus ist Basilikum eine Pflanze mit großer Heilkraft. Er wirkt antientzündlich und antibakteriell und wird seit Jahrhunderten verwendet, um Krankheiten wie Erkältung, Fieber, Husten oder andere Atemwegserkrankungen zu kurieren. Auch bei Hautproblemen, Stress, Zahn- und Kopfschmerzen leistet Basilikum gute Dienste. Am wirksamsten ist das frische, unverarbeitete Kraut.

Karotten-Ingwer-Kokos-Suppe

Ich habe diese sättigende Suppe zusammen mit Matthew Kenney, einem außerordentlich begabten Rohkost-Küchenchef (siehe: www.matthewkenneycuisine.com*), kreiert, als wir gemeinsam eine Dinnerparty gaben. Das Lob für diese Kreation gebührt also nicht nur mir. Die Karotten-Ingwer-Kokos-Suppe schmeckt sehr aromatisch, mit einer feinen Süße und einem Hauch von Gewürzen. Ich bin mir ganz sicher, dass sie auch in Ihrer Küche zu einem echten Renner wird.*

Für 4 bis 6 Portionen
Vorbereitung: 2 Tassen (480 ml) Kokosmilch (Seite 29) und 2 Tassen (480 ml) Karottensaft
Zubereitung: 15 Minuten

2 Tassen (480 ml) Kokosmilch (Seite 29)
2 Tassen (480 ml) Karottensaft
¼ Tasse (60 ml) Limettensaft
2 Teelöffel frische Ingwerwurzel, geschält und geraspelt
¼ einer kleinen Avocado
½ Teelöffel Meersalz
¼ Teelöffel Cayennepfeffer
frisch gemahlener schwarzer Pfeffer zum Abschmecken
Koriandergrün zum Garnieren

Alle Zutaten bis auf das Koriandergrün in den Mixer geben und sehr glatt pürieren. Nach Belieben mit frisch gemahlenem schwarzem Pfeffer abschmecken. Wenn Sie die Suppe lieber etwas dicker mögen, geben Sie noch Kokosnussfleisch (siehe Seite 29) oder Avocado dazu. Im Kühlschrank bleibt diese Köstlichkeit etwa 2 Tage lang frisch.

Juditas Trick: Wenn Sie keinen eigenen Entsafter oder nur wenig Zeit haben, können Sie Karottensaft aus biologisch-organischem Anbau verwenden. Etwas angewärmt wird die Suppe, wenn Sie sie 1 bis 2 Minuten länger mixen. Aber Sie können sie natürlich auch auf niedriger Flamme auf dem Herd erwärmen.

Pilzsuppe mit Miso

Ich bereite diese Suppe mit zwei Sorten von Pilzen zu: mit leckeren Baby-Champignons als Grundlage und marinierten Shiitake-Pilzen als Einlage. Das macht die Suppe zu einer kompletten Mahlzeit mit kräftigem Geschmack.

Für 4 Portionen
Vorbereitung: Mandel- oder Cashewmilch (Seite 59)
Zubereitung: 15 Minuten

MARINIERTE PILZE

2 Tassen (150 g) Shiitake-Pilze, in Scheiben geschnitten
2 Esslöffel (30 ml) Tamari

Pilze und Tamari in ein Deckelglas geben, den Deckel verschließen und die Pilze gut durchschütteln. Lassen Sie die Mischung ruhen, während Sie die Suppengrundlage zubereiten.

SUPPEN-GRUNDREZEPT

2 Tassen (480 ml) Mandel- ***oder*** **Cashewmilch** (Seite 59)
1 Tasse (70 g) Baby-Champignons, fein gehackt
¼ Tasse (70 g) Kichererbsenmiso
2 Esslöffel (30 ml) brauner Reisessig
1 Knoblauchzehe
1–2 Esslöffel (15–30 ml) Olivenöl

EINLAGE

2 Tassen (200 g) Bohnensprossen
1–2 Frühlingszwiebeln, nur der grüne Stiel, in feine Ringe geschnitten

Alle Suppenzutaten im Mixer glatt pürieren. Auf vier Schalen verteilen und die marinierten Pilze dazugeben. Mit Bohnensprossen und Frühlingszwiebelringen bestreuen. Nach Belieben einen Spritzer Öl darübergeben. Diese Suppe schmeckt am besten, wenn Sie sie sofort verzehren.

Blumenkohlsuppe mit Curry

Früher habe ich diese Suppe natürlich mit gekochtem Blumenkohl zubereitet. Nun habe ich zu meinem Erstaunen festgestellt, dass roher Blumenkohl mit Kokosmilch der Suppe dieselbe sämige Konsistenz verleiht – vor allem, wenn man die Mischung lange im Mixer püriert. Die würzigen Aromen von Kokos, Curry und Medjoul-Datteln mildern den Kohlgeschmack ab und machen die rohe Blumenkohlsuppe besonders in der kalten Jahreszeit zu einem wahren Gaumenschmaus. Sie können sie auf dem Herd leicht erwärmen oder 2 bis 3 Minuten länger im Mixer durchrühren.

Vorbereitung: 2 Tassen (480 ml) Kokosmilch (Seite 29)
Zubereitung: 10 Minuten

2 Tassen (480 ml) Kokosmilch (Seite 29)
2 Tassen (590 g) Blumenkohl, vom Strunk befreit und klein geschnitten
½ Tasse (120 ml) gefiltertes Wasser
¼ Tasse (70 g) Kichererbsenmiso
3 Esslöffel (45 ml) Zitronensaft
2–3 Teelöffel (4–6 g) Curry
2 Medjoul-Datteln, entsteint

Alle Zutaten im Mixer glatt pürieren. Mehr Wasser zugeben, wenn nötig. Nach Belieben würzen.

Im Kühlschrank bleibt diese Suppe 2 bis 3 Tage lang frisch.

Juditas Trick: Wenn Sie die Suppe wie auf dem Foto links mit Kardamomkapseln dekorieren, sieht das zwar gut aus, verzehren sollten Sie die Kapseln aber nicht!

Wassermelonen-Tomaten-Gazpacho

Diese reinigende kalte Suppe ist eine fruchtige Variante der klassischen Gazpacho. Sie schmeckt am besten, wenn Sie sie aus reifen, frischen Ochsenherz- oder Roma-Tomaten der Saison zubereiten.

Für 3 bis 4 Portionen
Zubereitung: 30 Minuten

SUPPEN-GRUNDREZEPT

3 Tassen (450 g) Wassermelone, klein geschnitten (mit Teilen der inneren, weißen Fruchtrinde)
2 Esslöffel (30 ml) Limettensaft
1½ Esslöffel (9 g) frische Minze, fein gehackt
1½ Esslöffel (4 g) frisches Basilikum, fein gehackt
1 Knoblauchzehe
½ Teelöffel Meersalz zum Abschmecken

EINLAGE

1 Tasse (180 g) Tomaten, entkernt und gewürfelt
1 Tasse (150 g) Wassermelone, gewürfelt
¾ Tasse (90 g) Salatgurke, geschält, entkernt und gewürfelt
⅓ Tasse (55 g) weiße Zwiebeln, gewürfelt

Alle Suppenzutaten im Mixer glatt pürieren. Das Püree in eine große Schale geben, Tomaten-, Wassermelonen-, Gurken- und Zwiebelwürfel unterziehen. Nach Belieben mit Minzeblättchen garnieren. Stellen Sie die Suppe 1 bis 2 Stunden kühl, bevor Sie sie servieren.

Im Kühlschrank bleibt sie 2 Tage lang frisch.

Hummus aus rotem Paprika

Dafür gibt es eigentlich nur eine treffende Beschreibung: einfach umwerfend lecker! Mit Gemüsesticks oder Crackern servieren oder auf Wraps streichen.

Für 6 bis 8 Portionen
Zubereitung: 10 Minuten

1 Tasse (150 g) roter Paprika, entkernt und klein geschnitten
½ Tasse (120 g) Tahinpaste
¼ Tasse (60 ml) Zitronensaft
3 Esslöffel (45 g) Hanfsamen
3 Knoblauchzehen
1 Esslöffel (15 ml) Olivenöl
1 Teelöffel Meersalz
1 Teelöffel Kreuzkümmel
½ Teelöffel Paprikapulver
1 Prise Cayennepfeffer zum Abschmecken

Alle Zutaten in einen Mixer oder in die Küchenmaschine geben und glatt pürieren. In den Kühlschrank stellen, damit die Masse etwas fester wird.

Gekühlt hält sich das Hummus etwa 3 bis 4 Tage.

Ein gesunder Tipp: Gemüsepaprika enthält viel Vitamin C, B_6, Folsäure, Karotinoide und sekundäre Pflanzenstoffe. Das Antioxidans Lykopin findet sich allerdings nur in den roten Schoten.

Guacamole mit Räucheraroma

Dies ist einer meiner Lieblingssnacks. Schmeckt einfach großartig zu Leinsamen-Crackern oder Selleriestangen. Oder Sie streichen die sämige Paste auf ein Blatt Romanasalat und machen einen leckeren Wrap daraus.

Für 4 bis 6 Portionen

2 Avocados
2 Roma-Tomaten, entkernt und gewürfelt
1 Knoblauchzehe, fein gehackt
2 Teelöffel frischer Zitronen- *oder* Limettensaft
¼ Teelöffel Chipotle-Chilipulver, *ersatzweise* geräuchertes Paprikapulver (Pimentón de la Vera, siehe Seite 73)
1 Esslöffel (10 g) rote Zwiebeln, fein gehackt
¼ Teelöffel Meersalz zum Abschmecken

Die Avocados mit einer Gabel zerdrücken und die restlichen Zutaten unterrühren. Nach Belieben abschmecken.

Wenn Sie die Guacamole aufbewahren wollen, füllen Sie sie in ein Gefäß, das Sie anschließend mit Frischhaltefolie abdecken. Die Folie sollte aber direkt auf der Paste aufliegen, da die Guacamole an der Luft braun wird. So können Sie sie 2 bis 3 Tage im Kühlschrank aufbewahren.

Nacho-Käse-Dip

Dieser Dip gelingt nur, wenn Sie die Cashewkerne nicht oder höchstens 30 Minuten lang einweichen, wenn Ihr Mixer nicht leistungsstark genug ist. Die Süße der Cashewkerne verleiht dieser Käsesauce ihre cremige Konsistenz. Sie können sie als Dip oder Aufstrich reichen.

Für 8 Portionen
Vorbereitung: Wenn Sie keinen Hochleistungsmixer besitzen, weichen Sie die Cashewkerne 30 Minuten lang ein – keinesfalls länger.
Zubereitung: 10 Minuten

1 Tasse (150 g) Cashewkerne
⅓ Tasse (50 g) rote Paprikaschote, entkernt und klein geschnitten
¼ Tasse (60 ml) gefiltertes Wasser, wenn Sie eingeweichte Cashewkerne verwenden; ⅓ Tasse, wenn Sie sie nicht einweichen
2 Esslöffel (30 ml) Zitronensaft
2 Esslöffel (25 g) Würzhefeflocken
1 Knoblauchzehe
½ Teelöffel Chilipulver
½ Teelöffel Meersalz
⅛ Teelöffel Ancho-Chilipulver (wenn gewünscht)

Alle Zutaten im Mixer glatt und cremig pürieren. Zwischendrin den Mixer anhalten und die Masse mit einem Spatel von den Wänden ablösen, wenn nötig. Nach Belieben würzen.

Die Sauce bleibt im Kühlschrank etwa 1 Woche lang frisch.

Rosenkohl mit Ahornsirup und Dijonsenf

Wer hätte gedacht, dass roher Rosenkohl so gut schmeckt? Eine wunderbare Beilage zu Ihrem sonntäglichen Hauptgericht, die auch leicht erwärmt werden kann. Dann sollten Sie den Rucola allerdings besser weglassen und den Salat nur mit Rosenkohl zubereiten.

Für 4 bis 6 Portionen
Zubereitung: 20 Minuten

SALAT

4 Tassen (350 g) Rosenkohl, fein geraspelt
4 Tassen (120 g) junger Rucola
1/3 Tasse (40 g) Pekannüsse, grob gehackt
1/3 Tasse (40 g) getrocknete Cranberrys (wenn gewünscht)

DRESSING

2 Esslöffel (20 g) grobkörniger Dijonsenf
2 Esslöffel (30 ml) Apfelessig
1/4 Tasse (60 ml) Olivenöl
1 1/2 Esslöffel (25 ml) Ahornsirup
1 Knoblauchzehe, fein gehackt

Alle Zutaten in einer großen Schüssel vermengen. Das Dressing in einer kleinen Schüssel mit einem Schneebesen verrühren und gut unter den Salat mischen.

Im Kühlschrank bleibt der Salat etwa 1 Tag lang frisch.

Ein gesunder Tipp: Rosenkohl gehört wie Grünkohl, Brokkoli, Rot- bzw. Weißkohl und Blumenkohl zur Pflanzenfamilie der Kreuzblütler. Sie enthalten überdurchschnittlich viele Senfölglykoside, einen sekundären Pflanzenstoff, der nachweislich die Entstehung von Krebs hemmt. Zudem enthält Rosenkohl viel Vitamin K und C und kann erhöhte Cholesterinwerte senken.

Blumenkohl-Couscous

Eigentlich habe ich gekochten Blumenkohl der rohen Variante stets vorgezogen – bis ich dieses Rezept ausprobiert habe. Ich kombiniere seine würzige Frische gern mit Hummus aus rotem Paprika (Seite 85).

Für 4 Portionen
Zubereitung (30 Minuten)

½ großer Blumenkohl
½ Bund Petersilie
¼ Tasse (6 g) frische Minze
2 Roma-Tomaten, entkernt und gewürfelt
¼ Tasse (25 g) schwarze Oliven, fein gehackt (am besten Botija-Oliven, wenn Sie welche bekommen)
¼ Tasse (40 g) rote Zwiebeln, fein gehackt
¼ Tasse (60 ml) Zitronensaft
3 Esslöffel (45 ml) Olivenöl
1 Knoblauchzehe, fein gehackt
½ Teelöffel Meersalz
¼ Teelöffel Kümmel
⅛ Teelöffel geräuchertes Paprikapulver (Pimentón de la Vera)
1 Spritzer Bio-Tabasco (wenn gewünscht)

Den Blumenkohl vom Strunk befreien, klein schneiden und in der Küchenmaschine weiter verarbeiten. Mit der Pulse-Funktion hacken, bis er körnig wird wie Couscous und anschließend in eine Schüssel geben.

Ebenso Petersilie und Minze in die Küchenmaschine geben und mit der Pulse-Taste fein hacken. Unter den Blumenkohl ziehen. Die restlichen Zutaten unterrühren und gut vermischen. Nach Belieben abschmecken.

Der Couscous bleibt im Kühlschrank 2 bis 3 Tage lang frisch.

Ein gesunder Tipp: Blumenkohl ist einer der Stars der Kreuzblütler-Familie. Er enthält viel Vitamin C (½ Tasse, also etwa 50 Gramm, enthält die halbe empfohlene Tagesdosis) und darüber hinaus Di-Indolyl-Methan (DIM) und Indol-3-Carbinol – zwei Senfölglykoside, die dem Körper helfen, überschüssiges Östrogen abzubauen. Ein erhöhter Östrogenspiegel soll, so haben wissenschaftliche Untersuchungen ergeben, einer der Faktoren für das Auftreten von Brustkrebs, Mukoviszidose, Endometriose und polyzystischem Ovarialsyndrom sein.

Blumenkohlpüree

Dieses Püree ist einfach lecker, aber mit der Pilzsauce (siehe unten) schmeckt es noch besser.

Für 4 Portionen
Zubereitung: 15 Minuten

4 Tassen (400 g) Blumenkohlröschen, klein geschnitten
⅓ Tasse (45 g) Pinienkerne
1½ Esslöffel (20 g) Würzhefeflocken
1 Knoblauchzehe
½ Teelöffel Meersalz
⅛–¼ Teelöffel frisch gemahlener schwarzer Pfeffer

Alle Zutaten in die Küchenmaschine geben und mit der Pulse-Funktion zerkleinern, bis die Masse die Konsistenz von Kartoffelpüree hat. Wenn das Püree mehr nach Käse schmecken soll, mehr Würzhefe zugeben. Nach Belieben abschmecken.

Das Püree bleibt im Kühlschrank 4 Tage lang frisch.

Dunkle Pilzsauce

Die dunkle Pilzsauce habe ich zum Blumenkohlpüree kreiert, doch mittlerweile gebe ich sie auch über rohe oder gedämpfte Gemüse, Quinoa und Reis.

Für 4 Portionen
Zubereitung: 15 Minuten

1 Tasse (70 g) Egerlinge, in Scheiben geschnitten
¼ Tasse (60 ml) gefiltertes Wasser
2 Esslöffel (30 g) Kichererbsenmiso
2 Esslöff el (30 ml) Olivenöl
2 Esslöffel (30 ml) Tamari
1 Esslöffel (10 g) Zwiebeln, gehackt
1 Teelöffel frischer Thymian
1 Knoblauchzehe
1 Prise frisch gemahlener schwarzer Pfeffer

Alle Zutaten im Mixer glatt pürieren. Teelöffelweise mehr Wasser zugeben, wenn nötig. Vor dem Servieren kurz umrühren.

Im Kühlschrank hält sich die Sauce 4 Tage.

Ein gesunder Tipp: Werden Pilze der Sonne ausgesetzt, produzieren sie Vitamin D. Zudem enthalten sie B-Vitamine, Selen, Eisen, Phosphor und sekundäre Pflanzenstoffe, die das Immunsystem stärken und freie Radikale reduzieren.

Karottencurry

Diese Leckerei habe ich für mich entdeckt, als ich im letzten Winter einen unglaublichen Appetit auf Karotten hatte. Die feine indische Würze schmeckt einfach göttlich mit den Rosinen und Cashewkernen. Sie sparen Zeit, wenn Sie die Karotten mit dem Raspelaufsatz der Küchenmaschine zerkleinern. Wenn Sie keine besitzen, haben Sie ein perfektes Work-out für die Arme vor sich!

Für 4 Portionen
Zubereitung: 20 Minuten

4 Tassen (440 g) Karotten, grob geraspelt
1/3 Tasse (50 g) Rosinen
1/3 Tasse (50 g), grob gehackt
3 Esslöffel (45 ml) Zitronensaft
2 Esslöffel (12 g) frische Minze, fein gehackt
2 Esslöffel (30 ml) Lein- *oder* Olivenöl
1 Teelöffel Kurkuma
½ Teelöffel Zimtpulver
½ Teelöffel Koriandergrün
¼ Teelöffel Kreuzkümmel
1/8 Teelöffel gelbe Senfsamen
1/8 Teelöffel Kardamom
1/8 Teelöffel Cayennepfeffer (wenn gewünscht)
1 Prise Nelken, Muskat und frisch gemahlener schwarzer Pfeffer
¼ Teelöffel Meersalz zum Abschmecken

Alle Zutaten in eine große Schüssel geben und sofort servieren. Das Karottencurry hält sich im Kühlschrank 3 Tage, schmeckt aber frisch am besten. Mit einem Spritzer Zitronensaft können Sie das Aroma des Currys betonen.

Juditas Trick: Wenn Sie die oben aufgeführten Gewürze nicht zur Hand haben, können Sie auch eine fertige Currymischung nehmen. Geben Sie zunächst nur 1 bis 2 Teelöffel zu dem Curry und würzen Sie nach, wenn nötig.

Ein gesunder Tipp: Jeder weiß, dass Karotten gut für die Augen sind, aber wussten Sie, dass sie auch vor Krebs, Herzkrankheiten und Schlaganfall schützen? Darüber hinaus schenken sie uns eine jugendliche Haut und unterstützen die Leber beim Entgiften. Ein Grund mehr, dieses leckere Gericht möglichst oft auf den Tisch zu bringen.

Salate

Würziger Brunnenkressesalat mit Jicama

Den leckersten Brunnenkressesalat meines Lebens habe ich im Restaurant Calexico in Brooklyn gegessen. Zu Hause habe ich dann sofort versucht, ihn selbst zu kreieren. Die knackige Jicama mit den Zitrusaromen schmeckt hervorragend zu dem würzigen Dressing. Wenn Sie keine Brunnenkresse bekommen, können Sie stattdessen auch Feldsalat, Postelein oder andere Wildsalate nehmen.

Für 4 Portionen
Zubereitung: 30 Minuten
Vorbereitung: Cashewkerne 2 Stunden lang einweichen, wenn Sie keinen Hochleistungsmixer besitzen.

DRESSING

¾ Tasse (115 g) Cashewkerne
¾ Tasse (180 ml) gefiltertes Wasser
¼ Tasse (60 ml) Limetten- *oder* Zitronensaft
1 Knoblauchzehe
1 Medjoul-Dattel, entsteint
¾ Teelöffel Meersalz
¼–½ Teelöffel Chipotle-Chilipulver, *ersatzweise* geräuchertes Paprikapulver (Pimentón de la Vera, siehe Seite 73)

Alle Zutaten im Mixer zu einer glatten Sauce verarbeiten.

SALAT

4 Tassen (135 g) Brunnenkresse, gehackt
½ Jicama (Benkoang), zu Julienne geschnitten
1 Grapefruit, filetiert
1 Avocado, in Scheiben geschnitten
¼ Tasse (35 g) Kürbiskerne
¼ Tasse (4 g) Koriandergrün, fein geschnitten
1 Prise Cayennepfeffer zum Garnieren (wenn gewünscht)

Brunnenkresse, Jicama, Grapefruit und Avocado in einer Schüssel vermengen. Die Mischung auf vier Teller verteilen und mit Dressing übergießen. Kürbiskerne und Koriandergrün darübergeben. Wahlweise mit Cayennepfeffer bestreuen.

Wenn Sie das Dressing nicht über den Salat geben, hält er sich im Kühlschrank 2 bis 3 Tage.

Ein gesunder Tipp: Traditionell wird Brunnenkresse verwendet, um Erkältungen und schlechten Atem zu bekämpfen und die Verdauung zu fördern. Sie enthält viele schwefelhaltige Verbindungen, die erwiesenermaßen das Tumorwachstum bremsen können. Brunnenkresse ist außerdem eine gute Jodquelle und leistet daher bei Schilddrüsenunterfunktion gute Dienste.

Erdbeer-Spinat-Salat mit Balsamico-Sauce

Ich mische gern noch ein paar Blätter Wildsalat unter diesen Salat, um sein Aroma ein wenig aufzupeppen, aber natürlich können Sie auch nur Spinat verwenden. Der Erdbeer-Spinatsalat ist ein vielseitiger Genuss. Servieren Sie ihn bei einem eleganten Abendessen, bei einer Gartenparty, einem Sommerpicknick oder zum Frühstück mit Freunden.

Für 4 Portionen
Zubereitung: 15 Minuten

SALAT

4 Tassen (120 g) junge Spinatblätter
4 Tassen (120 g) Wildsalat
2 Tassen (290 g) Erdbeeren, in Scheiben geschnitten
¼ Tasse (120 g) rote Zwiebeln, in hauchdünne Ringe geschnitten
¼ Tasse (35 g) Mandeln, gehackt

Alle Salatzutaten in eine Schüssel geben und gut vermengen.

DRESSING

¼ Tasse (60 ml) Olivenöl
2 Esslöffel (30 ml) Aceto balsamico
1 Teelöffel Dijonsenf
1 Teelöffel Agavendicksaft in Rohkostqualität
Meersalz und frisch gemahlener Pfeffer zum Abschmecken

Die Dressingzutaten in einer kleinen Schale mit dem Schneebesen verrühren und über den Salat geben.

Ohne Dressing hält sich der Salat im Kühlschrank nicht länger als 1 Tag.

Bunter Kohlsalat

Zu diesem knackig bissfesten Salat reiche ich immer ein vietnamesisches Dressing aus Ingwer, Knoblauch und Limettensaft. An meinen Detox-Tagen ist der Kohlsalat für mich fast unverzichtbar, da er fast kein Fett enthält (wenn Sie die Erdnüsse weglassen) und trotzdem sättigt.

Für 4 bis 6 Portionen
Zubereitung: 20 Minuten

DRESSING

⅓ Tasse (80 ml) Limettensaft
2 Esslöffel (30 ml) brauner Reisessig
1 Esslöffel (15 ml) Sesamöl
1 Esslöffel (15 g) Palmzucker *oder* Süßungsmittel nach Wahl
1 Esslöffel (8 g) frische Ingwerwurzel, geschält und geraspelt
1 Teelöffel Knoblauch, fein gehackt
½ Teelöffel Meersalz
⅛ Teelöffel Cayennepfeffer

SALAT

5 Tassen (350 g) Rotkohl (etwa ½ Kopf), in feine Streifen geschnitten
1 Tasse (110 g) Karotten, grob geraspelt
½ Tasse (8 g) Koriandergrün, gehackt
½ Tasse (13 g) frische Minze, gehackt
⅓ Tasse (50 g) Wild-Erdnüsse, grob gehackt (ersatzweise andere Erdnüsse, nicht roh)

Alle Zutaten für das Dressing in einer kleinen Schüssel mit dem Schneebesen verrühren.

Alle Salatzutaten in einer großen Schüssel gründlich vermengen. Das Dressing darübergießen und unterheben. Den Salat 10 bis 20 Minuten ziehen lassen, mit gehackten Wild-Erdnüssen bestreuen und servieren.

Im Kühlschrank hält er sich etwa 3 Tage.

Ein gesunder Tipp: Kohl ist eine der gesündesten Gemüsesorten überhaupt, zum Beispiel verhindert er die Entstehung und das Wachstum von Tumoren.

Cremiger Grünkohlsalat mit Kapern und Haselnüssen

Die Farbenvielfalt dieses Salats macht ihn zur ersten Wahl, wenn Sie Gäste haben. Ich mag ihn aber auch, weil er so schnell gemacht ist und so aromatisch schmeckt. Die Haselnüsse verleihen ihm den Hauch des Besonderen. Auch das Dressing schmeckt mit Haselnussöl einfach wunderbar.

Für 2 bis 4 Portionen
Zubereitung: 25 Minuten

2 große Bund Grünkohl, vom Strunk befreit und fein gehackt
1 Avocado, gewürfelt
3 Esslöffel (45 ml) Zitronensaft
1 Teelöffel Meersalz
1 Tasse (70 g) Rotkohl, fein geschnitten
½ Tasse (90 g) Haselnüsse, grob gehackt
2 Esslöffel (17 g) Kapern

Den fein gehackten Grünkohl in eine Schüssel geben. Avocadowürfel, Zitronensaft und Meersalz darübergeben und einige Minuten lang einmassieren, bis die Avocado cremig und der Grünkohl weich geworden ist. Rotkohl, Haselnüsse und Kapern unterheben. Nach Belieben würzen und weitere Avocadowürfel dazugeben.

Der Salat bleibt im Kühlschrank 1 Tag lang frisch.

Ein gesunder Tipp: Ich kenne keinen Rohköstler, der Grünkohl nicht zu seinen Lieblings-Gemüsesorten zählt. Da er eine sehr hohe Nährstoffdichte hat, gibt es so gut wie kein Gericht, zu dem ich ihn nicht verwende: Säfte, Smoothies, Salate. Er enthält viel Vitamin K, das die Knochen stärkt, aber auch die klassischen Antioxidantien Vitamin A und C sowie Mangan und Ballaststoffe. Zusammen mit den anderen Kohlsorten aus der Kreuzblütler-Gruppe gilt er als die Antikrebs-Nahrung schlechthin. Sein hoher Schwefelgehalt fördert zudem die Entgiftung der Zellen – ein ideales Nahrungsmittel für jede Entschlackungskur.

Winterland-Salat mit Fenchel

Eine großartige Kombination meiner Lieblings-Winteraromen mit der knackigen Frische des Fenchels.

Für 4 bis 6 Portionen
Zubereitung: 30 Minuten

SALAT

2 Fenchelknollen
2 grüne Äpfel, entkernt
1 Tasse (140 g) Granatapfelkerne
½ Tasse (60 g) Walnüsse, gehackt
Fenchelblätter zum Garnieren

Die weißen Blattteile der Fenchelknolle mit einem Messer oder dem Gemüsehobel in hauchdünne Scheiben schneiden. Die Äpfel mit Schale grob reiben oder zu Julienne verarbeiten. Alle Salatzutaten in einer kleinen Schüssel vermengen.

DRESSING

½ Tasse (120 ml) Orangensaft
3 Esslöffel (45 ml) Apfelessig
2 Esslöffel (30 ml) Olivenöl
1½ Esslöffel (16 g) Senfsamen

Das Dressing über den Salat geben und gut unterheben. Auf Tellern anrichten, mit Fenchelblättern garnieren und sofort servieren.

Der Salat bleibt im Kühlschrank 2 Tage lang frisch.

Ein gesunder Tipp: Fenchel ist eine gute Quelle für Vitamin C, Kalium, Folsäure und Ballaststoffe und unterstützt zudem die Verdauung.

Süßer Chili-Daikon-Salat

Dieser schnell und einfach gemachte Salat ist eine wunderbare Vorspeise zu jedem asiatisch inspirierten Menü. Die süße Chilisauce sieht auf den weißen Daikon-Nudeln nicht nur großartig aus, sondern ist auch geschmacklich der perfekte Kontrast zu dem milden, weißen Rettich.

Für 4 Portionen
Vorbereitung: 1 Grundrezept Hot Sauce (Seite 142)
Zubereitung: 15 Minuten

SÜSSE CHILISAUCE

1/3 Tasse (80 ml) Hot Sauce (Seite 142)
¼ Tasse (60 ml) brauner Reisessig
2 Esslöffel (30 ml) Agavendicksaft *oder* Kokos-Nektar, jeweils in Rohkostqualität
2 Esslöffel (30 ml) Sesam- *oder* Olivenöl
¼ Teelöffel Meersalz

Alle Zutaten mit einem Schneebesen gründlich verrühren.

SALAT

2 große Daikon-Rettiche, geschält und mit dem Spiralschneider in breite Streifen geschnitten *oder* zu Julienne verarbeitet
1 Tasse (16 g) Koriandergrün, gehackt
1/3 Tasse (32 g) Mandeln, grob gehackt

Die Rettichscheiben auf Tellern anrichten, mit Koriandergrün und Mandeln garnieren. Kurz vor dem Servieren die süße Chilisauce darübergeben.

Die Chilisauce hält sich im Kühlschrank 1 Woche, der Rettichsalat bleibt ohne Dressing 3 Tage lang frisch.

Juditas Trick: Für das Gericht auf dem Foto habe ich den Daikon mit dem Spiralschneider zu bandnudelbreiten Streifen verarbeitet.

Ein gesunder Tipp: Daikon-Rettich enthält überdurchschnittlich viele Verdauungsenzyme und unterstützt so den Körper bei der Fettverdauung. Dieses Wurzelgemüse reinigt den Körper, wirkt stark entwässernd und abschwellend. Wie andere Gewächse aus der Familie der Kreuzblütler enthält der Daikon viele krebshemmende Senfölglykoside sowie reichlich Vitamin C und Kalium.

Wassermelonen-Tomaten-Salat mit Feigen-Vinaigrette

Ein Salat, der so gut aussieht, wie er schmeckt. Die Aromen von Minze und Basilikum verbinden sich mit der Frische der Wassermelone und das Feigendressing verleiht diesem Salat eine milde Note, ohne sich geschmacklich in den Vordergrund zu drängen. Wenn Sie gerade ein paar Detox-Tage einlegen, lassen Sie das Dressing einfach weg, und freuen Sie sich stattdessen auf das köstliche Hauptgericht.

Für 4 bis 6 Portionen
Vorbereitung: getrocknete Feigen 30 Minuten einweichen
Zubereitung: 20 Minuten

DRESSING

4 getrocknete Feigen, eingeweicht in ½ Tasse (120 ml) gefiltertem Wasser Einweichwasser aufbewahren
3 Esslöffel (45 ml) Aceto balsamico
½ Tasse (120 ml) Einweichwasser
¼ Tasse (60 ml) Olivenöl
Meersalz und frisch gemahlener Pfeffer zum Abschmecken

Alle Zutaten in den Mixer geben und glatt pürieren.

SALAT

8 Tassen (1200 g) Wassermelonenwürfel
6 Tassen (1080 g) Tomatenwürfel, vorzugsweise von Tomaten in unterschiedlichen Farben
2 Esslöffel frische (12 g) Minze, fein gehackt
2–4 Esslöffel (20–40 g) Schalotten, in dünne Ringe geschnitten

Alle Zutaten in einer großen Schüssel vermengen und in Schalen servieren. Das Feigendressing über die einzelnen Portionen verteilen.

Im Kühlschrank hält sich der Salat 1 Tag.

Pfirsichsalat mit Chipotle-Ahornsirup-Dressing

Die Kombination aus süßer, rauchiger Vinaigrette und reifen Sommerpfirsichen macht diesen besonders schnellen Salat zu einem ungewöhnlichen Geschmackserlebnis.

Für 4 bis 6 Portionen
Zubereitung: 15 Minuten

DRESSING

3 Esslöffel (45 ml) Olivenöl
3 Esslöffel (45 ml) Aceto balsamico
1½ Esslöffel (25 ml) Ahornsirup
¼ Teelöffel Chipotle-Chilipulver, *ersatzweise* geräuchertes Paprikapulver (Pimentón de la Vera, siehe Seite 73)
¼ Teelöffel Meersalz

Alle Zutaten in einer kleinen Schüssel verrühren.

SALAT

6 Tassen (360 g) gemischter Wildsalat
4 reife Pfirsiche, entkernt und in Scheiben geschnitten
½ Tasse (55 g) Pekannüsse, grob gehackt
¼ Tasse (40 g) Schalotten, in dünne Ringe geschnitten

Alle Zutaten in einer großen Schüssel vermengen. Das Dressing beim Servieren dazu reichen.

Im Kühlschrank hält sich der Salat 1 bis 2 Tage frisch.

Coleslaw aus Wurzelgemüse

Wenn Sie mal richtig luxuriös speisen wollen, machen Sie diesen Salat mit Haselnussöl an. Da die Rote Bete alles rosa färben, gebe ich sie erst kurz vor dem Servieren dazu. Wenn aber niemand außer Ihnen selbst dieses leckere Gericht zu Gesicht bekommt, können Sie die Rote Bete auch einfach unter das Wurzelgemüse mischen.

Für 4 Portionen
Zubereitung: 40 Minuten

SALAT

2 Tassen (300 g) Rote-Bete-Julienne
2 Tassen (220 g) Karotten-Julienne
2 Tassen (230 g) Julienne aus Daikon-Rettich *oder* Selleriewurzel
2 Frühlingszwiebeln, nur der grüne Stiel, in feine Ringe geschnitten
¼ Tasse (40 g) getrocknete Cranberrys *oder* Rosinen
¼ Tasse (35 g) Sonnenblumenkerne

Die Rote Bete in eine kleine Schüssel geben und beiseitestellen. Die restlichen Salatzutaten in einer mittelgroßen Schüssel vermengen.

DRESSING

¼ Tasse (60 ml) Haselnuss- *oder* Olivenöl
¼ Tasse (60 ml) Orangensaft
2 Esslöffel (30 ml) Zitronensaft
Meersalz zum Abschmecken

Alle Dressingzutaten mit einem Schneebesen verrühren. Das Dressing über den Salat geben, jedoch eine kleine Menge davon für die Rote Bete beiseitestellen.

Restliches Dressing über die Rote Bete gießen und gut vermengen. Die Rote Bete sachte unter den Salat heben.

Ein gesunder Tipp: Wurzelgemüse enthalten viele Antioxidantien und Mineralstoffe. Sie reinigen das Blut und die Leber. Außerdem verbinden sie uns mit der Erde, sowohl in körperlicher als auch in seelischer Hinsicht. Danach fühlen wir uns konzentrierter und kräftiger. Ihre feinstoffliche Energie ähnelt der, die Fleischesser beschreiben, wenn sie tierische Proteine verzehren.

Hauptgerichte

Pilz-Tacos

Diese Tacos mit Jalapeñoschoten, Limetten, Koriandergrün und Avocado sind nicht nur für Fans der mexikanischen Küche ein Genuss. Wenn Sie keine Pilze mögen, können Sie die Pilz-Tacos auch mit dem Walnuss-Hack vom Drei-Pfeffer-Gemüsechili (Seite 123) zubereiten.

Für 4 Portionen
Vorbereitung: 1 Grundrezept eingelegter Rotkohl (siehe unten)
Zubereitung: 30 Minuten

MARINIERTE PILZE

4 Tassen (280 g) Shiitake-Pilze *oder* junge Champignons, in Scheiben geschnitten
2 Esslöffel (30 ml) Tamari
1 kleine Knoblauchzehe, fein gehackt
1 Esslöffel (15 ml) Olivenöl

Alle Zutaten in ein Deckelglas geben, den Deckel verschließen und die Pilze gut durchschütteln. Oder in einer Schüssel gründlich vermengen. Die Pilze ziehen lassen, während Sie Sauce und Füllung zubereiten.

AVOCADOSAUCE

⅓ Tasse (80 ml) gefiltertes Wasser
1–2 Esslöffel (15–30 ml) Limettensaft
½ Teelöffel Meersalz
1 Knoblauchzehe
½ Jalapeñoschote mit Kernen *oder* 1 Prise Cayennepfeffer

Alle Zutaten im Mixer glatt pürieren. Mehr Wasser zugeben, wenn nötig. Nach Belieben nachwürzen und in eine kleine Schale geben.

FÜLLUNG

1½ Tassen (225 g) eingelegter Kohl (siehe unten)
3–4 Tomaten, klein geschnitten
1 Tasse (16 g) Koriandergrün, fein gehackt
⅔ Tasse (110 g) weiße Zwiebeln, fein gehackt
8 Blätter vom Romanasalat

Die marinierten Pilze auf die Romanablätter geben. Eingelegten Kohl, Tomatenstücke, Koriandergrün und gehackte Zwiebeln darübergeben und jedes Blatt mit einem dünnen Faden Avocadosauce verzieren.

Eingelegter Rotkohl – schnell und einfach

Mit diesem extra Farbtupfer können Sie die Pilz-Tacos, aber auch jedes andere Wrap- oder Tortilla-Gericht aufpeppen.

Für 8 Portionen
Zubereitung: 15 Minuten

2 Tassen (140 g) fein geschnittene Rotkohlstreifen
¼ Tasse (60 ml) Apfelessig
½ Esslöffel (10 g) Agavendicksaft in Rohkostqualität
1 Prise Meersalz

Alle Zutaten in eine Schüssel geben und gut vermengen. Einen flachen Teller auf den Kohl legen und mit einem Gewicht beschweren. Sie können dafür ein mit Wasser gefülltes Glas nehmen. 1 bis 6 Stunden lang ziehen lassen. Dabei wird der Kohl weich und gibt Flüssigkeit ab.

Im Kühlschrank bleibt der eingelegte Rotkohl 5 Tage lang frisch.

Knackige Tomatenstapel auf Spinat

Auch so lassen sich die Früchte des Sommers zubereiten: ganz einfach und absolut partytauglich!

Für 4 bis 6 Portionen
Vorbereitung: jeweils 1 Grundrezept Korianderpesto (Seite 143) und Aufstrich aus sonnengetrockneten Tomaten (Seite 142)
Zubereitung: 10 Minuten

1 Grundrezept Korianderpesto (Seite 143)
1 Grundrezept Aufstrich aus sonnengetrockneten Tomaten (Seite 142)
4–6 große feste Tomaten in unterschiedlichen Farben
4 Tassen (120 g) Spinat
¾ Tasse (30 g) Basilikumblätter
Olivenöl (wenn gewünscht)
Meersalz und frisch gemahlener schwarzer Pfeffer und zum Abschmecken

Die Tomaten in etwa 2 Zentimeter dicke Scheiben schneiden. 1 Tasse (30 g) Spinat auf einem Servierteller anrichten. Eine Tomatenscheibe nach Belieben mit Korianderpesto bestreichen und auf das Spinatbett legen. Mit ein paar Basilikumblättern bedecken. Eine weitere Tomatenscheibe nach Belieben mit dem Tomaten-Aufstrich bestreichen und auf den Basilikum legen.

Mit in Streifen geschnittenen Spinat- oder Basilikumblättchen garnieren.

Diese beiden Schritte so lange wiederholen, bis Sie einen Tomatenstapel in der gewünschten Höhe haben. Zum Abschluss die Tomatenstapel mit etwas Olivenöl beträufeln und mit Salz und Pfeffer bestreuen. Sofort servieren.

Thai-Nudeln nach Veggie-Art

Nudeln mit knackigem Gemüse und cremiger Currysauce sind manchmal alles, was mein Herz begehrt. Wie viel Gemüse Sie für dieses Rezept nehmen, bleibt ganz Ihnen überlassen. Ich kann meistens nicht genug davon bekommen. Wenn Sie keine Kelpnudeln auftreiben können, nehmen Sie einfach zwei Zucchini mehr.

Für 4 bis 6 Portionen
Zubereitung: 45 Minuten

1 Packung (340 g) Kelpnudeln
1 Zitrone

SAUCE

½ Tasse (110 g) Mandelmus in Rohkostqualität
¼ Tasse (60 ml) gefiltertes Wasser
¼ Tasse (60 ml) Tamari
2 Esslöffel (30 ml) brauner Reisessig
2 Esslöffel (15 g) rote Thai-Curry-Paste
½ Teelöffel Chiliflakes (wenn gewünscht)
2 Esslöffel (30 ml) Agavendicksaft in Rohkostqualität *oder* ein paar Tropfen flüssiges Stevia
1 Esslöffel (8 g) frische Ingwerwurzel, geschält und fein geraspelt
1 Knoblauchzehe

GEMÜSE

4 Zucchini, geschält
1 rote Paprikaschote, entkernt und gewürfelt
2 große Karotten, in feine Stifte geschnitten
2 Frühlingszwiebeln, nur der grüne Stiel, in feine Ringe geschnitten
2 Tassen (100 g) Bohnensprossen
½ Tasse (20 g) Basilikum *oder* Thai-Basilikum, fein geschnitten
4 Tassen (120 g) Spinat

Die Kelpnudeln auseinanderzupfen und abspülen. In eine mittelgroße Schüssel legen und mit Wasser bedecken. Den Saft der ausgepressten Zitrone dazugeben und 30 Minuten ziehen lassen. So werden die Nudeln weicher.

Währenddessen alle Zutaten für die Sauce in den Mixer geben und glatt pürieren.

Nach 30 Minuten die Nudeln abgießen, spülen und in eine mittelgroße Schüssel legen. Wenn Ihnen die Nudeln zu lang sind, kürzen Sie sie mit der Küchenschere auf die gewünschte Länge.

Die Zucchini mit dem Spiralschneider zu Spaghetti verarbeiten oder mit einem Kartoffelschäler zu breiten Streifen. Zucchini unter die Kelpnudeln heben und die Sauce vorsichtig unterziehen. Die Zucchini-Nudel-Mischung auf einem Bett aus frischen Spinatblättern servieren. Paprika, Karotten, Frühlingszwiebeln und Bohnensprossen darübergeben. Mit Basilikumblättern dekorieren.

Im Kühlschrank bleibt dieses Gericht 2 Tage lang frisch.

Juditas Trick: Sie können die Thai-Nudeln leicht anwärmen, indem Sie das Gericht 1 Stunde lang bei 62,8 °C in den Dörrautomaten stellen. Oder Sie geben es in eine Kasserolle und erwärmen es bei niedriger Temperatur auf dem Herd. Wenn Sie Nudeln und Gemüse lieber leicht gegart mögen, beides in eine Pfanne geben und unter Rühren etwa 5 bis 10 Minuten lang anwärmen.

Kürbispasta mit Salbeicreme

Im Vergleich zu den meist kräftig gewürzten Gerichten in diesem Buch ist diese Pastavariation eher mild. Ich liebe die feine Note der Salbeicreme und den nussigen Geschmack der Nudeln. Die gewürzten Pistazienkerne dürfen dabei als Kontrast natürlich nicht fehlen.

Für 4 Portionen
Vorbereitung: 1 Tasse (150 g) Cashewkerne 2 Stunden lang einweichen
Zubereitung: 30 Minuten

NUDELN

2 ganze Sommerkürbisse (Birnenkürbisse)
2 Tassen (60 g) junge Wildkräuter

Den Kürbis schälen und mit dem Spiralschneider oder einem Kartoffelschäler zu Bandnudeln verarbeiten. Die Wildkräuter unter die Nudeln heben.

Juditas Trick: Ich mache aus Kürbis am liebsten hauchdünne Spaghetti à la Cappellini. Hier sind allerdings eher schmale, lange Bandnudeln auf Tagliolini-Art gemeint.

SALBEICREME

1 Tasse (150 g) eingeweichte Cashewkerne (siehe oben)
¼ Tasse (55 g) Hanfsamen
¾ Tasse (180 ml) gefiltertes Wasser
2 Esslöffel (30 g) Kichererbsenmiso
2–3 Esslöffel (30–45 ml) Zitronensaft
1 Esslöffel (13 g) Würzhefeflocken
1 Knoblauchzehe
¼–½ Teelöffel Meersalz
½ Teelöffel Agavendicksaft in Rohkostqualität
4 frische Salbeiblätter

Alle Zutaten im Mixer zu einer cremigen Sauce verarbeiten. Nach Belieben nachwürzen.

GEWÜRZTE PISTAZIEN

½ Tasse (50 g) Pistazienkerne, grob gehackt
½ Teelöffel Olivenöl
¼ Teelöffel geräuchertes Paprikapulver (Pimentón de la Vera)
¼ Teelöffel Knoblauchpulver
⅛ –¼ Teelöffel Meersalz

Alle Zutaten in eine kleine Schüssel geben und mit den Fingern gründlich durchmischen.

Richten Sie die Nudeln in einer Schüssel oder auf Tellern an.

Geben Sie nach Wunsch Salbeicreme darüber und bestreuen Sie das Gericht mit den Pistazienkernen. Stiefmütterchenblüten sind zwar nicht unbedingt nötig, aber als essbare Verzierung doch sehr hübsch.

Duetto von Zucchininudeln

Sie können für dieses leckere Gericht gelbe oder grüne Zucchini verwenden und das Gemüse entweder schälen oder mit Schale zubereiten. Wenn ich Gäste habe, denen die Rohkostküche fremd ist, schäle ich die Zucchini. Mit dem Spiralschneider sind sie ganz schnell zu Spaghetti verarbeitet, die allerdings etwas dicker sein sollten als üblich, weil dünne Zucchininudeln schnell wässrig werden, sobald sie mit Sauce in Berührung kommen. Wenn Sie keinen Spiralschneider besitzen, machen Sie einfach mit dem Kartoffelschäler Fettuccine-Bandnudeln daraus. Das Nudel-Duetto wird mit zwei verschiedenen Saucen serviert. Ich habe mich für die klassischen Varianten entschieden: Sauce Marinara und Pesto. Die Saucenmenge reicht etwa für 4 mittelgroße Zucchini. Geben Sie die Sauce erst kurz vor dem Servieren über die Nudeln, da diese sonst schnell matschig werden. Dazu Cashew-Parmesan reichen.

Pasta Marinara

Für 4 Portionen
Zubereitung: 15 Minuten

½ rote Paprikaschote, entkernt und fein geschnitten
2 Esslöffel (15 g) sonnengetrocknete Tomaten, zu Pulver vermahlen
1–2 Esslöffel (15–30 ml) Olivenöl
2 Esslöffel (5 g) frisches *oder* 1 Teelöffel getrocknetes Basilikum
1 Esslöffel (8 g) frischer *oder* 1 Teelöffel getrockneter Oregano
½ Medjoul-Dattel, entsteint
2 Knoblauchzehen
½–¾ Teelöffel Meersalz zum Abschmecken
¼ Teelöffel Chiliflakes
3 Tassen (540 g) Tomaten, klein geschnitten

Alle Zutaten außer den Tomaten in der Küchenmaschine glatt pürieren. Die Tomaten zugeben und mit der Pulse-Funktion unterarbeiten, sodass die Masse leicht stückig bleibt.

Zucchini zu Bandnudeln oder Spaghetti verarbeiten. Kurz vor dem Servieren die Sauce darübergießen und vorsichtig unterheben. Mit Pinienkernen, Nüssen oder roten Paprikawürfeln dekorieren.

Juditas Trick: Sie können die sonnengetrockneten Tomaten mit einer Gewürz- oder Kaffeemühle, alternativ auch im Mixer, zu Pulver verarbeiten.

Pasta mit Pesto

Für 4 Portionen
Zubereitung: 10 Minuten

2 Tassen (80 g) Basilikumblätter
¼ Tasse (60 ml) Olivenöl
3–4 Knoblauchzehen, zerdrückt
½–1 Teelöffel Meersalz
½ Tasse (110 g) Hanfsamen *oder* rohe Pinienkerne

Alle Zutaten bis auf die Hanfsamen (bzw. Pinienkerne) in die Küchenmaschine geben und zu einer glatten Sauce verarbeiten. Hanfsamen zugeben und einige Male die Pulse-Taste betätigen, um sie einzuarbeiten.

Zucchini zu Spaghetti oder Bandnudeln verarbeiten, das Pesto darübergeben und vorsichtig unterheben. Mit Tomatenwürfeln, Pinienkernen, Oliven oder roten Paprikawürfeln dekorieren.

Cashew-Parmesan

½ Tasse (75 g) Cashewkerne
1 Knoblauchzehe, zerdrückt
1 Teelöffel Würzhefeflocken
¼ Teelöffel Meersalz

Alle Zutaten in der Gewürzmühle oder im Mixer zu einer leicht körnigen Substanz verarbeiten.

Drei-Pfeffer-Gemüsechili

Lassen Sie sich vom Namen nicht abschrecken: Dieses Gericht ist nicht übermäßig scharf. Es hat nur einen leicht scharfen Kick, den Sie allerdings auch vermeiden können, indem Sie die verschiedenen Chilisorten weglassen. Ihre Familie wird diesen Eintopf lieben. Er lässt sich auch auf dem Herd erwärmen, wenn Sie Gäste haben, die lieber warm essen. Besonders gut schmeckt das Chili mit einem Klecks Veggie-Crème-fraîche (Seite 140) oder mit Avocadowürfeln.

Für 6 Portionen
Zubereitung: 45 Minuten

SAUCE

1 Tasse (240 ml) gefiltertes Wasser
½ rote Paprikaschote, entkernt und klein geschnitten
3 Esslöffel (42 g) Pulver aus sonnengetrockneten Tomaten (siehe Seite 120)
2 Esslöffel (30 ml) Orangensaft
2 Medjoul-Datteln, entsteint
1 Esslöffel (8 g) mexikanisches Chilipulver
1 Esslöffel (15 ml) Olivenöl
½ Teelöffel (4 g) Kakaopulver in Rohkostqualität
1 Teelöffel Tamarindenpaste
1 Teelöffel Meersalz
1 kleine Knoblauchzehe
½ Teelöffel Zwiebelpulver
¼ Teelöffel Zimtpulver
¼ Teelöffel Ancho-Chilipulver
¼ Teelöffel Chipotle-Chilipulver, *ersatzweise* geräuchertes Paprikapulver (Pimentón de la Vera, siehe Seite 73)

Alle Zutaten im Mixer zu einer glatten Sauce verarbeiten.

WALNUSS-HACK

1½ Tassen (180 g) Walnüsse
2 Teelöffel Chilipulver
1 Teelöffel Kreuzkümmel
2 Esslöffel (30 ml) Tamari

Alle Zutaten in die Küchenmaschine geben und mit der Pulse-Funktion zu einer stückigen Masse verarbeiten.

GEMÜSE

1 Tasse (120 g) Zucchiniwürfel
1 Tasse (180 g) Tomatenwürfel
1 Tasse (175 g) Maiskörner
1 Tasse (110 g) Karotten, grob geraspelt
¼ Tasse (40 g) weiße *oder* gelbe Zwiebeln, gewürfelt
1 Jalapeñoschote, entkernt und gewürfelt

Alle Zutaten in eine große Schüssel geben und vermengen. Sauce und Walnuss-Hack gründlich unterheben.

Juditas Trick: Die Sauce und das Walnuss-Hack können Sie bereits am Vortag zubereiten. Das Gericht lässt sich auch warm zubereiten. Dazu 1 Stunde lang bei 63 °C in den Dörrautomaten oder bei niedriger Hitze auf den Herd stellen.

Brokkoli mit Zitrone und Knoblauch

Dieses herzhafte Gericht können Sie warm oder kalt genießen. Ich mag es gern mit etwas Hot Sauce (Seite 142).

Für 4 bis 6 Portionen
Vorbereitung: Eine halbe Tasse (75 g) Mandeln über Nacht einweichen, vor der Weiterverwendung abgießen und gut spülen.
Zubereitung: 20 Minuten

TAHIN-DRESSING

2/3 Tasse (165 g) Tahin in Rohkostqualität
2/3 Tasse (160 ml) gefiltertes Wasser
½ Tasse (120 ml) Zitronensaft
3 Knoblauchzehen
1 Teelöffel Meersalz
¼ Teelöffel frisch gemahlener schwarzer Pfeffer
1/8 Teelöffel Cayennepfeffer

Alle Zutaten in den Mixer geben und zu einer glatten Flüssigkeit verarbeiten.

BROKKOLIMISCHUNG

5 Tassen (355 g) Brokkoliröschen, bissfest zerteilt
2 Tassen (175 g) Bohnensprossen
1 Tasse (110 g) Karotten, grob geraspelt
½ Tasse (75 g) Mandeln, gehackt

Brokkoli mit heißem Wasser übergießen und ein paar Sekunden lang darin ziehen lassen. Dann die Röschen zum Abschrecken in kaltes Wasser tauchen. So wird der Brokkoli weicher und ist leichter verdaulich. Das gesamte Gemüse und die Mandeln in eine große Schüssel geben und gründlich vermengen. Dazu Tahin-Dressing reichen.

Das Tahin-Dressing hält sich im Kühlschrank etwa 1 Woche, die Brokkolimischung ohne Dressing 2 bis 3 Tage.

Juditas Trick: Wenn Sie es würziger mögen, können Sie auch etwas Currypaste in das Dressing rühren. Oder Sie nehmen statt des Tahin-Dressings den Nacho-Käse-Dip (Seite 86) oder eine andere rohe Sauce.

Gegarte Version: Dazu das Gemüse leicht dämpfen oder mit gekochter Quinoa servieren.

Ingwer-Miso-Röllchen

Mit diesem vielseitigen Rezept zaubern Sie jederzeit schnell etwas auf den Tisch, ohne immer nur Salat zu servieren. Sie können die Röllchen ganz nach Belieben füllen: mit Ihrem Lieblings-Gemüse, verschiedenen Dressings oder mit Wildkräutern. Das Ingwer-Miso-Dressing verleiht dem Ganzen eine asiatische Note. Wenn Sie immer einen kleinen Vorrat von dieser leckeren Sauce haben, sind Sie um eine schnelle Rohkost-Mahlzeit nie verlegen.

Für 4 Portionen
Vorbereitung: Mandel- oder Cashewmilch (Seite 59)
Zubereitung: 20 Minuten

INGWER-MISO-DRESSING

1/3 Tasse (80 ml) Olivenöl
3–4 Esslöffel (45–60 ml) Mandel- *oder* Cashewmilch, wahlweise auch gefiltertes Wasser
2½ Esslöffel (45 g) Kichererbsenmiso
2 Esslöffel (30 ml) Agavendicksaft *oder* Kokos-Nektar, jeweils in Rohkostqualität
1½ Esslöffel (12 g) frische Ingwerwurzel, geschält und geraspelt
1 Teelöffel (8 ml) Aceto balsamico

Alle Zutaten im Mixer zu einer glatten Flüssigkeit verarbeiten.

NORI-WRAPS

4 Blätter ungeröstete Nori-Algen
8 Blätter grüner Salat
2–3 Karotten, grob geraspelt
1 Rote Beete, in Stifte geschnitten
2 kleine Avocados, in Scheiben geschnitten
2 Tassen (100 g) Sprossen der Wahl

Die Noriblätter zum Füllen mit der glänzenden Seite nach unten verarbeiten. Ein Noriblatt mit der Spitze nach unten (in Richtung Handgelenk) in die offene linke Hand nehmen. Zwei Salatblätter in die obere Ecke legen. Füllung hineingeben. Ingwer-Miso-Sauce über die Füllung laufen lassen. Die rechte Ecke des Noriblatts über die Füllung falten. Dann die untere Ecke nach oben über die Füllung klappen. Die linke Ecke des Blatts über die Füllung falten und so das Wrap schließen. Benetzen Sie Ihre Finger mit Wasser und fahren Sie über den Rand der Noriblätter, um diese zu verkleben. Sofort servieren.

Ingwer-Miso-Dressing bleibt im Kühlschrank 1 Woche lang frisch.

Ein gesunder Tipp: Noriblätter sind die bekannteste Algenart. Sie enthalten so viele Vitamine, Mineralstoffe und Aminosäuren, dass sie in der japanischen Kultur den Ruf eines unfehlbaren Schönheitsmittels genießen. Die Noriblätter, die Sie in Asiamärkten kaufen können, sind meist geröstet. In Naturkostläden und im Internet aber finden Sie aber durchaus rohe Varianten. Sollte es mit den rohen Noriblättern mal wirklich nicht klappen, können Sie auch auf die gerösteten zurückgreifen.

riblatt mit der glänzenden Seite nach unten jen. Eine Spitze zeigt dabei zum Handgelenk. vei Salatblätter in die obere Ecke legen.

Die Salatblätter nach Wunsch füllen.

Mit Ingwer-Miso-Dressing begießen.

e rechte Ecke des Noriblatts über die Füllung ppen. Die untere Ecke nach oben über die lung falten.

Mit der linken Ecke das Wrap schließen. Mit ein paar Tropfen Wasser lässt sich das Noriblatt dauerhaft verschließen.

Sofort servieren.

Vietnamesische Salaträllchen

An der vietnamesischen Küche mag ich besonders die vielen frischen Kräuter. Wenn ich diese Röllchen für mich selbst mache, spare ich nicht an Koriandergrün und Minze. Auch dieses Rezept ist sehr vielseitig: Probieren Sie es mit Salatgurken, Gemüsepaprika, Basilikum, Rettich oder frischer Trinkkokosnuss, die die Röllchen noch nahrhafter macht.

Für 4 Portionen
Zubereitung: 30 Minuten

SÜSS-SAURE MANGOSAUCE

Für 1 Tasse (300 g)

1 Tasse (175 g) Mangofleisch, klein geschnitten
3 Esslöffel (45 ml) Agavendicksaft in Rohkostqualität *oder* Süßungsmittel nach Wahl
3 Esslöffel (45 ml) Limettensaft
½ Esslöffel (4 g) frische Ingwerwurzel, geschält und geraspelt
1 Knoblauchzehe
½ Teelöffel Chiliflakes (wenn gewünscht)
¼ Teelöffel Meersalz

Alle Zutaten im Mixer zu einer glatten Sauce verarbeiten und nach Belieben nachwürzen.

WÜRZIGE TAHINSAUCE

Für 1 Tasse (300 g)

½ Tasse (120 g) Tahin in Rohkostqualität
⅓ Tasse (80 ml) gefiltertes Wasser
3 Esslöffel (45 ml) Tamari
2 Esslöffel (30 ml) Zitronensaft
2 Esslöffel (30 ml) Agavendicksaft in Rohkostqualität *oder* ein paar Tropfen flüssiges Stevia
1 Esslöffel (15 g) rote Thai-Curry-Paste (wenn gewünscht)
1 Esslöffel (8 g) frische Ingwerwurzel, geschält und geraspelt
1 Knoblauchzehe
½ Teelöffel Chiliflakes

Alle Zutaten im Mixer zu einer glatten Sauce verarbeiten.

SALATRÖLLCHEN

4 große Blätter Mangold, Kohl *oder* Grünkohl
1 Kopf Romanasalat *oder* grüner Salat
2 Tassen (220 g) Karotten, grob geraspelt
2 Tassen (100 g) Bohnensprossen
4 der Länge nach in Streifen geschnittene Frühlingszwiebeln, nur der grüne Stiel
⅔ Tasse (16 g) Minzeblätter
1 Tasse (16 g) Koriandergrün, fein gehackt

Ein Kohl- oder Mangoldblatt auf das Schneidbrett legen. Den dicken Teil des Stiels mit dem Messer einschneiden. So lässt sich das Blatt leichter aufrollen, ohne dabei zu brechen.

Zwei Salatblätter auf das Kohlblatt legen und mit den restlichen Zutaten füllen. Zwei weitere Salatblätter über die Füllung legen. Das Kohlblatt aufrollen. Mit den Saucen servieren.

Gegarte Version: Sie können Ihre Röllchen auch mit Reispapier machen, das es in Asiamärkten und gut sortierten Feinkostläden zu kaufen gibt. Reispapier ist recht einfach in der Handhabung: Tauchen Sie jedes Blatt kurz in heißes Wasser. Nach dem Herausnehmen schütteln Sie das restliche Wasser ab und legen das Reispapierblatt auf eine ebene Oberfläche. Füllen Sie es wie gewohnt und rollen Sie es vorsichtig auf. Herzhafter wird das Ganze, wenn Sie etwas biologischen Tempeh (fermentierte Sojabohnen) hineingeben.

Piroggen mit Veggie-Hack und -Käse

Meine Eltern kamen aus Osteuropa nach Amerika, ich wuchs also mit Piroggen und dergleichen auf. Dieses Gericht habe ich meiner Mutter zu Ehren kreiert. Auf Partys ist es regelmäßig der Renner. Aber Sie können es auch mit einem leckeren Salat als Abendessen servieren. Der Käse schmeckt einfach himmlisch gut und passt auch zu vielen anderen Gerichten. Probieren Sie auch Piroggen auch aus Roter Bete, Zucchini oder Jicamawurzel.

Für 6 Portionen
Zubereitung: 20 Minuten
Vorbereitung: Cashew- und Pinienkerne 2 Stunden lang einweichen und zu Veggie-Crème-fraîche (Seite 140) verarbeiten.

VEGGIE-HACK-FÜLLUNG

1 Tasse (120 g) Walnüsse *oder* Pekannüsse
1 Esslöffel (15 g) Tamari
1 Teelöffel Zitronensaft
½ Teelöffel Kreuzkümmel
¼ Teelöffel Zwiebelpulver
¼ Teelöffel Knoblauchpulver
⅛ Teelöffel frisch gemahlener schwarzer Pfeffer

Alle Zutaten in die Küchenmaschine geben. Mit der Pulse-Funktion zu einer hackfleischartigen körnigen Masse verarbeiten. Dabei, wenn nötig, mit einem Spatel den Teig von den Wänden ablösen.

VEGGIE-KÄSE-FÜLLUNG

½ Tasse (75 g) Cashewkerne, 2 Stunden eingeweicht
½ Tasse (70 g) Pinienkerne, 2 Stunden eingeweicht
1–2 Esslöffel (15–30 ml) Zitronensaft
1½ Esslöffel (20 g) Würzhefeflocken
¼ Teelöffel Meersalz

Alle Zutaten in der Küchenmaschine zu einem glatten Teig verarbeiten. Dabei, wenn nötig, mit einem Spatel den Teig von den Wänden ablösen.

PIROGGEN

1 große weiße Rübe, geschält

Die Rübe mit einem scharfen Messer in sehr dünne Scheiben schneiden.

ZUM DRAUFSTREICHEN

Veggie-Crème-fraîche (Seite 140)
Gehackter Schnittlauch
Wildkräuter

Für die Piroggen: Die Rübenscheiben mit Veggie-Hack und -Käse bestreichen. Dann die eine Hälfte der Scheibe über die andere klappen. Die Piroggen auf einem Bett aus Wildkräutern anrichten und jeweils mit einem Tupfer Veggie-Crème-fraîche verzieren. Mit Schnittlauchröllchen bestreuen.

Im Kühlschrank bleiben die fertigen Piroggen 3 Tage lang frisch.

Fermentiertes

Fermentieren ist in allen Kulturen seit Urzeiten eine beliebte Möglichkeit, um Nahrungsmittel haltbar zu machen. Doch erst im letzten Jahrhundert stellte sich heraus, wie gesund fermentierte Nahrung tatsächlich ist. Die Bakterien, die bei der Fermentierung entstehen, unterstützen das Immunsystem. Dabei entstehen zudem Vitamin B und Serotonin. Probiotische Bakterien bekämpfen entzündliche Prozesse und wirken heilsam bei Allergien und Hautproblemen. Wir brauchen diese Bakterien, um unsere Nahrung so aufzuspalten, dass der Körper sie aufnehmen kann. Wenn Sie keine gute Verdauung haben, bekommt Ihr Körper nicht genügend Vitamine und Mineralstoffe, sodass sich selbst bei richtiger Ernährung eine Unterversorgung einstellt. Viele Menschen berichten, dass ihr Verlangen nach Zucker abgenommen hat, seit sie mehr Probiotika zu sich nehmen. Auch gegen einen eventuellen Candida-Befall leisten Probiotika allerbeste Dienste. Das lässt sich allerdings ändern, wenn wir mehr fermentierte Lebensmittel zu uns nehmen. Zumindest wirken diese besser als Probiotika in Pillenform oder in zuckerhaltigem Industriejoghurt. Sauerkraut und Kefir können Sie selbst herstellen. Essen Sie einfach zu jeder Mahlzeit sowie nach dem Aufstehen und vor dem Schlafengehen eine kleine Menge davon.

Anmerkung: Bevor Sie sich an die Herstellung fermentierter Lebensmittel machen, sorgen Sie bitte dafür, dass alle Deckelgläser und sonstigen Utensilien, die Sie verwenden, sterilisiert sind. Benutzen Sie das Sterilisierungsprogramm Ihrer Geschirrspülmaschine oder tauchen Sie alles in kochendes Wasser.

Wasserkefir

Wasserkefirkristalle sind eine symbiotische Kultur von Bakterien und Hefe. Mit diesen Kefirkristallen können Sie sich jeden Tag selbst ein wohlschmeckendes probiotisches Getränk zubereiten, das Ihre Gesundheit stärkt. Das Endprodukt perlt wie Mineralwasser und hat viele gesundheitsfördernde Eigenschaften.

Kefirkristalle sind durchscheinend weiß. Je nachdem, welche Zuckerart Sie verwenden, verändert sich auch ihre Farbe. Sie können die Kristalle im Internet bestellen oder in Naturkostläden bzw. Reformhäusern erwerben. Kefirkristalle vermehren sich im Handumdrehen. Sobald Sie also Ihren eigenen Wasserkefir herstellen, können Sie sich schon mal nach Leuten umsehen, an die Sie die Kristalle weitergeben. Oder Sie verwenden die überschüssigen Kristalle für Ihre Smoothies.

DAS BRAUCHEN SIE:

¼ Tasse (50 g) Wasserkefirkristalle
1-Liter-Glas mit Deckel
Kaffeefilter oder ein feines Tuch
Gummiband
Zucker (jede Art von biologisch-organischem, kristallinem Zucker wie Palmzucker, Rohrohrzucker, getrockneter Zuckerrohrsaft, Ahornsirup, Agavendicksaft – aber keinen Honig. Die antibakteriellen Eigenschaften des Honigs lassen die Kefirkristalle absterben.)

TIPPS ZUR WASSERKEFIRHERSTELLUNG

Kefirkristalle lieben mineralstoffreiches Wasser. Quellwasser ist dafür ideal, doch Sie können auch gefiltertes Wasser nehmen, wenn Sie gelegentlich einen Teelöffel schwarze Zuckerrohrmelasse dazugeben. Sonst sterben die Kristalle in gefiltertem Wasser mit der Zeit ab.

Kefirkristalle sind aktiver, wenn sie Sauerstoff bekommen. Legen Sie also zu Beginn der Fermentation ein feines Tuch, einen Kaffeefilter oder Ähnliches über das Deckelglas und befestigen Sie diese Abdeckung mit einem Gummiband. Wenn Sie die Kristalle abgegossen haben, sollten Sie das Glas fest verschließen, damit sich mehr Gasbläschen bilden und Sie einen richtig spritzigen Drink bekommen.

Manchmal dauert es Wochen, bis ganz neue Kristalle aktiv werden. Sie können Ihrem Getränk ein paar Trockenfrüchte zugeben, um die Kristalle zu aktivieren. Oder Sie geben die Kristalle in den Mixer und zerkleinern sie.

Die Kefirkristalle sind hitzeempfindlich. Gießen Sie sie also nicht mit heißem Wasser auf.

Wenn Sie Trockenfrüchte nehmen, dürfen diese weder geschwefelt noch geölt sein.

Die Herstellung von Wasserkefir ist eine Kunst. Die Kristalle wirken bei jeder Portion Wasserkefir anders. Das ideale Verhältnis von Zucker zu Wasser ist: 1 Esslöffel (15 g) Zucker auf 1 Tasse (240 ml) Wasser. Manchmal reagieren die Kristalle auf den verwendeten Zucker zunächst positiv, stellen dann aber plötzlich ihre Aktivität ein. Manche kommen mit Ingwer hervorragend zurecht, andere mögen ihn gar nicht. .

Der helle Wasserkefir rechts (siehe Foto auf der nächsten Seite) befindet sich im Anfangsstadium der Fermentation – ein Ginger-Ale-Kefir mit hellem, biologisch-organischem Kristallrohrzucker. Der Kefir links ist bereits im zweiten Fermentationsstadium. Die Kristalle wurden abgegossen und die Flasche wurde fest verschlossen. Den fruchtigen Kefir habe ich mit Gojibeeren und Palmzucker angesetzt, daher die dunkle Farbe. In diesem Stadium müssen die kleinen Gasbläschen schon gut zu erkennen sein.

AUFBEWAHRUNG DER KEFIRKRISTALLE

Wenn Sie die Kristalle aufbewahren wollen, ohne Kefir zu bereiten, legen Sie sie in ein 1-Liter-Glas mit Deckel, das Sie mit Wasser füllen. Geben Sie 2 Esslöffel (30 ml) Ahornsirup dazu und stellen Sie das Ganze in den Kühlschrank. Wechseln Sie das Wasser alle 2 Wochen, damit Ihre Kristalle nicht zu Pickles werden.

ACHTUNG!

Wenn Sie eine Anti-Candida-Diät machen, sollten Sie fermentierte Getränke, die eine Bakterien-Hefepilz-Kolonie enthalten, besser meiden. Einige Kefirkristalle enthalten Bakterienstämme, die Candidapilze unterstützen und so Ihre Diät behindern können. Sobald Sie das Problem unter Kontrolle haben, können Sie so viel Wasserkefir trinken, wie Sie möchten.

Wasserkefir-Grundrezept

1 Esslöffel (15 g/ml) kristalliner Zucker, Ahornsirup, Agavendicksaft in Rohkostqualität *oder* Palmzucker
Wasser
¼ Tasse (50 g) Wasserkefirkristalle

Zucker mit etwas heißem Wasser in das Deckelglas geben und umrühren, bis sich der Zucker aufgelöst hat.

Das Glas zu drei Viertel mit zimmerwarmem Wasser (etwa 3 Tassen oder 720 ml) auffüllen. Kefirkristalle dazugeben. Einen Kaffeefilter oder ein sauberes Tuch darüberlegen und mit einem Gummiband befestigen. Das Glas an einen warmen Ort (maximal 22 bis 26 °C) ohne direkte Sonneneinstrahlung stellen.

Die Kristalle 24 bis 48 Stunden lang fermentieren lassen. Nach 24 Stunden den Geschmack testen. Wenn der Kefir zu süß ist, weitere 12 Stunden fermentieren lassen. Idealerweise sollte er leicht säuerlich sein. Dies ist die erste Stufe der Fermentation.

Wenn diese abgeschlossen ist, die Mischung abseihen, um die Kefirkristalle zu entfernen. Den Kefir zurück ins Glas gießen und dieses fest verschließen. Den Kefir weitere 12 Stunden reifen lassen, bis er fein perlt. Dies ist die zweite Stufe der Fermentation.

Den Kefir im Kühlschrank aufbewahren. Ab jetzt ist er zum Verzehr geeignet. Er hält sich einige Wochen und fermentiert auch im Kühlschrank langsam weiter.

Achtung! Vergessen Sie Ihren Kefir nicht. Mir ist es schon passiert, dass ein Glas nach weiteren 48 Stunden Fermentieren explodiert ist, weil der Druck, der sich darin aufgebaut hatte, zu groß wurde.

Vanille-Soda-Kefir

1 Tasse (240 ml) Wasserkefir nach dem Grundrezept
Mark von ½ Vanilleschote
Stevia zum Abschmecken

Die Zutaten in ein Glas geben und genießen.

Fruchtkefir

1 Esslöffel (15 g/ml) kristalliner Zucker, Ahornsirup, Agavendicksaft in Rohkostqualität *oder* Palmzucker
Wasser
¼ Tasse (50 g) Wasserkefirkristalle
2 Esslöffel (15 g) ungeschwefelte Trockenfrüchte (Kirschen, Gojibeeren, Maulbeeren, Aprikosen, Cranberrys, Ananas, Mango *oder* Feigen)

Folgen Sie der Anleitung für das Grundrezept. Geben Sie die Trockenfrüchte während der ersten Fermentationsstufe dazu. Wenn Sie möchten, können Sie die Früchte bis zum Ende im Kefir belassen. Ich nehme sie nach etwa 4 bis 5 Tagen heraus.

Ginger-Ale-Kefir

Wasser
¼ Tasse (50 g) Kefirkristalle
1 Esslöffel (15 g/ml) kristalliner Zucker, Ahornsirup, Agavendicksaft in Rohkostqualität *oder* Palmzucker
3 Scheiben frische Ingwerwurzel, geschält

Folgen Sie der Anleitung für das Grundrezept. Geben Sie den Ingwer während der ersten Fermentationsstufe dazu. Nach Belieben im Kefir belassen.

Holunderblüten-Soda-Kefir

1 Tasse (240 ml) Grundrezept Wasserkefir
1 Teelöffel Holunderblütensirup in Bio-Qualität (nicht roh)
Stevia zum Abschmecken

Alle Zutaten in ein Glas geben und genießen!

Kokos-Kefir

Beginnen Sie Ihren Tag doch mit einem Schluck Kefir (etwa 60 ml), um Ihre Verdauung in Gang zu bringen und Ihr Immunsystem zu starken. Kefir schmeckt auch in Smoothies hervorragend.

Für 8 Portionen

3½ Tassen (840 ml) Kokoswasser von frischen Trinkkokosnüssen (etwa 4 Stück)
biologisches Kefirpulver

Wenn Sie Kefirpulver verwenden, erwärmen Sie das Kokoswasser am besten auf 32 bis 37 °C. 1 Päckchen (5 g) Kefirpulver im Kokoswasser auflösen.

Das Kokoswasser in ein 1-Liter-Glas gießen. Dieses fest verschließen. Den Kefir 36 bis 48 Stunden bei Raumtemperatur (maximal 22 bis 24 °C) fermentieren lassen.

Fermentiertes Kokoswasser wird milchig weiß, mit kleinen Gasbläschen an der Oberfläche. Der Kefir sollte leicht prickeln und fein säuerlich schmecken.

Nehmen Sie von diesem Kefir ⅓ Tasse (80 ml) ab und geben Sie sie zu neuem Kokoswasser (840 ml). So halten Sie den Fermentationsprozess im Gang und können stets neuen Kokos-Kefir machen. Sie sollten die neue Kultur spätestens 3 Tage nach Fertigstellung der letzten ansetzen.

Sie können dies etwa 7-mal wiederholen, bevor Sie eine neue Kefirkultur mit frischem Pulver ansetzen müssen.

Bewahren Sie den Kokos-Kefir im Kühlschrank auf und verbrauchen Sie diesen innerhalb einer Woche.

Fermentierter Rote-Bete-Salat mit Äpfeln

Dieses Rezept stammt von Gina Laverdes Website www.blissedlife.com. *Ich habe es leicht abgewandelt.*

Für 16 Portionen
Zubereitung: 45 Minuten

BENÖTIGTE UTENSILIEN:
2-Liter-Glas mit Deckel

1 Paket Sauergemüse-Ferment *(www.holzeis.com),* ***ersatzweise*** **4 Esslöffel Molke**
¼ Tasse (60 ml) warmes Wasser
1½ Tassen (360 ml) gefiltertes Wasser
3 Rote Bete (etwa 1 kg), geraspelt
2 große grüne Äpfel, geraspelt
1 kleiner Bund Dill, gehackt
¼ Tasse (60 ml) Zitronensaft
1 Esslöffel (5 g) Kümmel (wenn gewünscht)
1 Esslöffel (20 g) Meersalz
2–3 Blättchen vom Grün der Rote Bete, ***ersatzweise*** **Kohlblätter**

Das Ferment in ¼ Tasse (60 ml) warmem Wasser (bei 32 °C) auflösen. Dann mit 1½ Tassen (360 ml) Wasser aufgießen.

Rote Bete, Äpfel, Dill, Zitronensaft, Kümmel und Meersalz in einer großen Schüssel gut vermengen. Die Gemüsemischung dicht in das Deckelglas schichten. Dabei immer wieder gut andrücken. Das Wasser lagenweise über das Gemüse gießen und erneut andrücken. Als Abschluss legen Sie die grünen Blätter oder Kohlblätter darauf.

Den Deckel fest verschließen und bei Raumtemperatur ohne direkte Sonneneinstrahlung 5 bis 14 Tage fermentieren lassen. Je länger das Gemüse fermentiert, umso saurer wird es. Probieren Sie einmal täglich, damit es nicht zu sauer wird. Nach dem Fermentationsprozess im Kühlschrank aufbewahrent. Solange das Gemüse mit Flüssigkeit bedeckt ist, können Sie es mehrere Wochen im Kühlschrank aufbewahren.

Jalapeño-Kraut

Dieses Sauerkraut ist ganz schön scharf. Ohne die Jalapeño-Samen wird es milder.

Für 16 Portionen
Zubereitung: 45 Minuten

BENÖTIGTE UTENSILIEN:
2-Liter-Glas mit Deckel

1 Paket Sauergemüse-Ferment *(www.holzeis.com),* ***ersatzweise*** **4 Esslöffel Molke**
¼ Tasse (60 ml) warmes Wasser
1 Tasse (240 ml) gefiltertes Wasser
1 großer Kopf Weißkohl
1 kleine weiße ***oder*** **gelbe Zwiebel, gewürfelt**
1 Tasse (110 g) Karotten, geraspelt
1 Tasse (115 g) Daikon-Rettich, in Scheiben geschnitten
4 rote Jalapeño-Schoten mit Samen, klein geschnitten
2 Esslöffel (40 g) Meersalz
2–3 Kohlblätter

Das Ferment in ¼ Tasse (60 ml) warmem Wasser (bei 32 °C) auflösen. Dann mit 1½ Tassen (360 ml) Wasser aufgießen.

Kohl, Zwiebeln, Karotten, Daikon, Jalapeño-Schoten und Meersalz in einer großen Schüssel mit der Hand ein paar Minuten gründlich durchkneten. Am besten ziehen mit Gummihandschuhe an wegen der Jalapeño-Schoten. Schichten Sie das Gemüse dicht ins Deckelglas.

Gießen Sie nun das Wasser über das Gemüse. Das Wasser sollte das Gemüse ganz bedecken, plus mindestens 2,5 Zentimeter. Als Abschluss legen Sie die Kohlblätter auf das Gemüse und drücken den Inhalt des Glases noch einmal ordentlich nach unten.

Den Deckel fest verschließen. Bei Raumtemperatur (maximal 21 bis 24 °C) ohne direkte Sonneneinstrahlung 5 bis 14 Tage fermentieren lassen. Je länger das Gemüse fermentiert, umso saurer wird es. Solange das Gemüse mit Flüssigkeit bedeckt ist, können Sie es im Kühlschrank mehrere Wochen aufbewahren.

Die Würze macht's

Veggie-Crème-fraîche

Crème fraîche ist stichfester als Sauerrahm und eine wunderbare Ergänzung zu Suppen, Chilis (Seite 123), Tacos (Seite 112) oder Rote-Bete-Salat (Seite 139). Davon sollten Sie immer etwas vorrätig haben.

Für 12 Portionen
Vorbereitung: 1 Tasse (150 g) Cashewkerne 2 Stunden einweichen
Zubereitung: 5 Minuten

1 Tasse (150 g) eingeweichte Cashewkerne
½ Tasse (120 ml) gefiltertes Wasser
¼ Tasse (60 ml) Zitronensaft

Alle Zutaten im Mixer glatt rühren. Kalt stellen, damit die Masse fest wird. Hält sich im Kühlschrank etwa 1 Woche.

Hanfsamenbutter

Seit ich mich der Rohkost zugewandt habe, esse ich keine Erdnussbutter mehr, weil Erdnüsse im Allgemeinen viele Aflatoxine enthalten. Und so war ich überglücklich, als ich einen vollwertigen, rohen Ersatz fand. Hanfsamenbutter schmeckt nussig und deftig, mit einer feinen süßen Note. Und sie ist ungeheuer cremig und nährstoffreich.

Für 12 Portionen
Zubereitung: 5 Minuten

2 Tassen (440 g) Hanfsamen
¼ Teelöffel Meersalz
1½ Esslöffel (23 ml) Oliven- *oder* Leinöl
2–3 Esslöffel (30–45 ml) Yaconsirup *oder* Agavendicksaft *oder* Kokos-Nektar, jeweils in Rohkostqualität

Hanfsamen mit Meersalz in die Küchenmaschine geben und anstellen. Während die Küchenmaschine läuft, Öl und Süßungsmittel dazugeben und so lange verarbeiten, bis die Mischung die Konsistenz von Butter hat. Wenn nötig, den Teig mit einem Spatel von den Wänden der Küchenmaschine ablösen.

Die Hanfsamenbutter bleibt in einem fest verschlossenen Behälter im Kühlschrank bis zu 2 Wochen lang frisch.

Orangen-Cranberry-Apfel-Relish

Diese süß-saure Kombination ist ein wahres Fest für den Gaumen. Wenn Sie das Relish für eine Party zubereiten, dann machen Sie am besten gleich die doppelte Menge. Davon nimmt sich garantiert jeder etwas nach.

Für 6 Portionen
Zubereitung: 15 Minuten

1½ Tassen (160 g) frische *oder* aufgetaute Tiefkühl-Cranberrys
2 rote Delicious-Äpfel, fein geschnitten (Schälen müssen Sie die Äpfel nur, wenn die Schale gewachst sein sollte.)
1 Tasse (120 g) Walnüsse, grob gehackt
2 Esslöffel (30 ml) Orangensaft
2 Esslöffel (30 ml) Agavendicksaft in Rohkostqualität
½ Teelöffel geriebene Orangenschale (nur von Bio-Orangen!)
1 Prise gemahlene Nelken (wenn gewünscht)

Cranberrys in die Küchenmaschine geben und mit der Pulse-Funktion klein hacken. Allerdings nicht zu klein, sonst wird die Masse zu homogen. Cranberrys in eine Schüssel geben. Auch die Äpfel mit der Pulse-Funktion in der Küchenmaschine zerkleinern. Sie sollten noch stückig sein. Die Apfelstücke zu den Cranberrys geben. Walnüsse, Orangensaft, Agavendicksaft, Orangenschale und Nelken daruntermischen. Gut durchmengen und servieren.

Das Relish bleibt im Kühlschrank 3 Tage lang frisch.

Ein gesunder Tipp: Wissenschaftliche Studien haben gezeigt, dass Cranberrys als ganze Frucht und nicht als Saft verzehrt werden sollten, damit sie ihre heilsame Wirkung entfalten können. Zum Beispiel hemmen sie Bakterien, die Entzündungen des Harntrakts und Magenschleimhaut-Entzündungen verursachen. Sie wirken gegen Blähungen und senken LDL-Cholesterinwerte.

Mandel-Ricotta

Das Aroma von Honig und Mandeln verzaubert mich. Wenn Sie strikt vegan essen, ersetzen Sie den Honig durch Agavendicksaft. Servieren Sie Mandel-Ricotta zum Steinobstsalat (Seite 40) oder zum Garnieren von Desserts.

Für 8 Portionen
Vorbereitung: Blanchieren Sie die Mandeln, indem Sie sie 5 Minuten lang in kochendes Wasser legen. Abgießen und mit kaltem Wasser abschrecken. Dann lässt sich die braune Haut problemlos entfernen. Anschließend die Mandeln vor der Weiterverwendung 8 bis 12 Stunden lang einweichen.
Zubereitung: 10 Minuten

¾ Tasse (70 g) Mandeln, blanchiert und eingeweicht
¼ Tasse (20 g) Fleisch von Trinkkokosnüssen
2½ Esslöffel (50 g) kalt geschleuderter Honig *oder* Agavendicksaft in Rohkostqualität
3 Tropfen Bittermandelöl
Mark von ½ Vanilleschote
1 Prise Meersalz
¼ Tasse (60 ml) gefiltertes Wasser

Juditas Trick: Am besten wird der Ricotta, wenn Sie einen Hochleistungsmixer mit Stopfer benutzen. Wenn Sie keinen solchen besitzen, sollten Sie eine Küchenmaschine verwenden.

Alle Zutaten im Mixer oder in der Küchenmaschine zu einer glatten Masse verarbeiten. Immer wieder einmal ausschalten, um den Teig mit einem Spatel von den Wänden abzulösen. Wenn nötig, geben Sie esslöffelweise (15 ml) mehr Wasser zu, damit das Schneidwerk nicht blockiert. Im Kühlschrank bleibt der Mandel-Ricotta 1 Woche lang frisch.

Ein gesunder Tipp: Mandeln enthalten 8 Gramm Protein pro 60 Gramm, mehr als ein durchschnittliches Ei. Dazu kommen noch einfach ungesättigte Fettsäuren (gesund fürs Herz), Vitamin E, Magnesium, Kalzium und Kalium. Mütter in Indien geben ihren Kindern seit Jahrhunderten ein paar eingeweichte Mandeln zum Lutschen, um ihre Gehirnfunktionen zu verbessern.

Hot Sauce

lecker

Ich liebe es „hot and spicy". Leider sind solche Saucen aus konventioneller Herstellung immer voller chemischer Zusatzstoffe und Konservierungsmittel. Diese Hot Sauce dagegen ist frisch und völlig frei von ungesunden Zusätzen.

Für ½ Tasse (110 g)
Zubereitung: 10 Minuten

1 rote Paprikaschote
1 rote Jalapeñoschote *oder* Chilischote mit Samen
1 Teelöffel Apfelessig
1 Teelöffel Palmzucker
1 Knoblauchzehe
¼–½ Teelöffel Meersalz

Im Mixer glatt rühren. Nach Belieben abschmecken. Im Kühlschrank hält die Sauce 1 Woche.

Mango-Salsa

Eine köstliche Ergänzung zu den Pilz-Tacos (Seite 112). Sie können diese Sauce aber auch als Dip verwenden.

Für 4 Portionen
Zubereitung: 15 Minuten

1 Tasse (175 g) Mangofruchtfleisch, klein gewürfelt
½ Avocado, gewürfelt
½ rote Jalapeñoschote ohne Samen, fein gewürfelt
1 Esslöffel (10 g) rote Zwiebeln, fein gewürfelt
½ Esslöffel Koriandergrün, gehackt
1–2 Esslöffel (15–30 ml) Limettensaft
Meersalz zum Abschmecken

Alle Zutaten in einer kleinen Schüssel verrühren. Die Sauce hält sich im Kühlschrank etwa 2 Tage.

Aufstrich aus sonnengetrockneten Tomaten

Dieser Aufstrich ist leichter als die klassischen Nusspasten oder Pestos. Und er schmeckt einfach himmlisch nach Tomaten und Zitronen. Ich verwende ihn für meine Tomatenstapel (Seite 115), aber er schmeckt auch toll zu Gemüse und Crackern.

Für 6 Portionen
Vorbereitung: Cashewkerne und getrocknete Tomaten einweichen
Zubereitung: 15 Minuten

½ Tasse (75 g) Cashewkerne, 2 Stunden eingeweicht
2 Knoblauchzehen, fein gehackt
⅔ Tasse (40 g) sonnengetrocknete Tomaten, 2 Stunden eingeweicht (in 240 ml gefiltertem Wasser); das Einweichwasser aufbewahren
¼ Tasse (60 ml) Einweichwasser von den Tomaten
2–4 Esslöffel (30–60 ml) Orangensaft
½ Teelöffel Meersalz

Cashewkerne und Knoblauch in die Küchenmaschine geben und grob zerkleinern. Tomaten dazugeben und pürieren. Wenn nötig, den Teig mit einem Spatel von den Wänden ablösen.

¼ Tasse (60 ml) Einweichwasser, Orangensaft und Meersalz zugeben. Glatt pürieren. Nach Belieben würzen.

Der Aufstrich bleibt im Kühlschrank 1 Woche lang frisch.

Im Uhrzeigersinn: Korianderpesto, Aufstrich aus sonnengetrockneten Tomaten und Pekan-Kräuter-Paste.

Pekan-Kräuter-Paste

Dieser opulente Aufstrich schmeckt hervorragend auf Crackern und zu Selleriestangen.

Für 12 Portionen
Vorbereitung: 15 Minuten

2 Tassen (220 g) Pekannüsse
2 Esslöffel (30 ml) Zitronensaft
2 Esslöffel (30 ml) Tamari
1 Esslöffel (3 g) Schnittlauch, gehackt
½ Esslöffel (1 g) frischer Thymian, gehackt
½ Teelöffel (2 g) frischer Oregano, gehackt
1 Knoblauchzehe, fein gehackt

Pekannüsse in die Küchenmaschine geben und zu Mehl vermahlen. Die restlichen Zutaten dazugeben und zu einer Paste verrühren. Wenn nötig, den Teig mit einem Spatel von den Wänden der Küchenmaschine ablösen.

Die Paste hält sich im Kühlschrank etwa 1 Woche.

Korianderpesto

Dieses aromareiche Pesto unterscheidet sich von der üblichen Basilikumvariante.

Für 6 Portionen
Zubereitung: 10 Minuten

1 Tasse (16 g) frische Korianderblättchen
1 kleine Knoblauchzehe, zerdrückt
½ Tasse (140 g) Kürbiskerne
¼ Tasse (60 ml) Olivenöl
½ Jalapeñoschote *oder* ¼ Chilischote, von den Samen befreit und gehackt
1 Teelöffel Limetten- *oder* Zitronensaft
¼ Teelöffel Meersalz

Alle Zutaten in die Küchenmaschine geben und glatt pürieren. Dabei, wenn nötig, mit einem Spatel den Teig von den Wänden der Küchenmaschine ablösen, um eine homogene Masse zu erhalten. Im Kühlschrank hält der Aufstrich 4 Tage.

Ein gesunder Tipp: Koriandergrün enthält chemische Verbindungen, die Schwermetallrückstände aus dem Körper leiten. Dieser natürliche Chelatkomplex ist jedem zu empfehlen, der Zahnfüllungen mit Amalgam hat oder mit Aluminiumtöpfen kocht. Zudem reinigt Koriander die Leber, unterstützt so die Verdauung, senkt erhöhte LDL-Cholesterinwerte und hat antibakterielle Eigenschaften.

Desserts

Superfood-Riegel

Dieser mineralstoffreiche Riegel ohne Nüsse schmeckt einfach göttlich. Er enthält alle meine Lieblingssuperfoods und wird von cremigem Tahin und mildem Kokosöl zusammengehalten. Aber Vorsicht, übertreiben Sie es nicht! Essen Sie lieber einen Riegel nach dem anderen! Superfood-Riegel enthalten Proteine, Zink, Kalzium und essenzielle Fettsäuren – ein leckerer Snack nach dem Sport oder in der Mittagspause. Mir gefällt an ihm auch, dass er nicht so süß ist. Ich habe dafür Kokos-Nektar verwendet, der einen niedrigen glykämischen Index hat, aber Sie können natürlich auch Yakon- oder Ahornsirup oder Agavendicksaft nehmen.

Für 16 Portionen
Zubereitung: 20 Minuten

½ Tasse (120 ml) Kokos-Nektar in Rohkostqualität
⅓ Tasse (80 g) Tahin in Rohkostqualität
¼ Tasse (60 ml) flüssiges Kokosöl in Rohkostqualität
Mark von 1 Vanilleschote
1 Tasse (140 g) Kürbiskerne
1 Tasse (145 g) Sonnenblumenkerne
½ Tasse (75 g) Gojibeeren
½ Tasse (40 g) ungesüßte Kokosraspel
¼ Tasse (35 g) schwarze Sesamsamen
¼ Tasse (25 g) Kakaonibs
¼ Tasse (55 g) Hanfsamen
1 Prise Meersalz

Kokos-Nektar, Tahin, Kokosöl und Vanille im Mixer glatt rühren und die Masse beiseitestellen.

Alle trockenen Zutaten in einer mittelgroßen Schüssel verrühren, die Kokosmischung dazugeben und gut durchkneten. Am besten tragen Sie dabei Gummihandschuhe, die Mischung ist recht klebrig.

Die Hälfte der Masse in die Küchenmaschine geben und sehr fein pürieren. Dann zurück in die Schüssel füllen und mit der anderen Hälfte verkneten.

Nun die Mischung auf einem etwa 20 x 20 Zentimeter großen, mit Küchenpapier ausgelegten Backblech gleichmäßig verteilen und in den Kühlschrank stellen, bis die Masse fest wird, was etwa 30 bis 60 Minuten dauert.

Aus der festen Masse Riegel schneiden und diese im Kühlschrank aufbewahren. Wenn Ihre Riegel mehr Biss haben sollen, stellen Sie sie in den Gefrierschrank.

Sie halten sich etwa 1 bis 2 Monate.

Mandel-Orangen-Trüffel

Ein wunderbares Last-Minute-Dessert für unerwartete Gäste oder als Mitbringsel für eine Party. Die Kakaohülle sieht nicht nur gut aus, sie bildet auch geschmacklich einen schönen Kontrast zu den Aromen von Orange und Mandeln.

Für 20 Trüffel
Zubereitung: 20 Minuten

2 Tassen (145 g) Mandeln
1 Tasse (180 g) Medjoul-Datteln, entsteint
2 Esslöffel (30 ml) Orangensaft
2 Esslöffel fein geschnittene Orangenschale (nur von Bio-Orangen!)
¼ Teelöffel Meersalz
Mark von ¼ Vanilleschote
1–2 Esslöffel (15–30 g) Kakaopulver in Rohkostqualität

Alle Zutaten bis auf den Kakao in die Küchenmaschine geben und so lange durchrühren, bis eine homogene Masse entsteht. Nehmen Sie zum Testen ein wenig von der Mischung zwischen die Finger: Wenn sich daraus eine Kugel formen lässt, hat Ihre Trüffelmasse die richtige Konsistenz.

Mit einem Esslöffel kleine Portionen abstechen und mit den Händen zu Kugeln rollen.

Kakaopulver auf eine glatte, saubere Oberfläche (einen flachen Teller) streuen. Die Trüffel darin rollen, bis sie von allen Seiten bedeckt sind. Überschüssigen Kakao leicht abklopfen.

Die Trüffel entweder sofort servieren oder vorher kurz in den Gefrierschrank stellen.

Im Kühlschrank halten sie sich 2 Wochen, im Gefrierschrank 2 Monate.

Schoko-Kokos-Splitter

Diese Köstlichkeit ist viel einfacher herzustellen, als es auf den ersten Blick erscheint. Und sie versüßt Ihnen den Tag. Ich nehme dazu gern Bio-Kokosraspel in mittlerer Größe (in Deutschland von Dr. Goerg), aber Sie können auch ganz normale Kokosraspel verwenden. Gehaltvoller werden die Schoko-Kokos-Splitter, wenn Sie ein paar gehackte Nüsse oder Hanfsamen dazugeben.

Für 12 Portionen
Zubereitung: 15 Minuten

2/3 Tasse (65 g) Kakaopulver in Rohkostqualität
½ Tasse (120 ml) Ahornsirup
¼ Tasse (60 ml) flüssiges Kokosöl in Rohkostqualität
Mark von ½ Vanilleschote
¼ Teelöffel Meersalz (wenn gewünscht)
2 Tassen (160 g) ungesüßte Kokosraspel

Kakaopulver, Ahornsirup, Kokosöl, Vanille und Salz im Mixer glatt pürieren.

Die Schokolademischung in einer Schüssel mit den Kokosraspeln vermengen.

Einen Teller mit Küchenpapier auslegen. Mit einem Löffel etwa 12 bis 14 Häufchen abstechen und auf das Küchenpapier setzen. 30 Minuten lang in den Gefrierschrank stellen, bis die „Splitter" fest sind.

Im Kühl- oder Gefrierschrank halten sich die Schoko-Kokos-Splitter 1 Monat.

Karotten-Apfel-Cupcakes

Diese leckeren kleinen Kuchen schmecken viel besser als jeder traditionelle Karottenkuchen, den ich je gegessen habe. Ich nehme dazu getrocknete Äpfel, die die Feuchtigkeit der Karotten aufsaugen.

Für 12 bis 16 Portionen

Zubereitung: 45 Minuten plus 4 Stunden zum Kühlen. Wenn Sie keinen Hochleistungsmixer besitzen, sollten Sie die Cashewkerne einweichen (siehe Seite 28).

CREMEHÄUBCHEN

½ Tasse (75 g) Cashewkerne, 2 Stunden eingeweicht
¼ Tasse (60 ml) flüssiges Kokosöl in Rohkostqualität
¼ Tasse (60 ml) gefiltertes Wasser
¼ Tasse (60 ml) Xylitol *oder* Agavendicksaft in Rohkostqualität
2 Esslöffel (30 ml) Zitronensaft
Mark von ¼ Vanilleschote
2 Esslöffel Lecithinpulver

Alle Zutaten bis auf das Lecithinpulver im Mixer glatt pürieren. Dann Lecithin zugeben und noch einmal durchmixen.
4 Stunden lang kühl stellen, bis die Crememasse fest wird.

KAROTTEN-APFEL-TÖRTCHEN

⅔ Tassen (80 g) Walnüsse
1¼ Tassen (110 g) getrocknete Äpfel
⅔ Tasse (75 g) Karotten, geraspelt (überschüssigen Karottensaft auspressen)
⅔ Tasse (120 g) Medjoul-Datteln, entsteint
1 Teelöffel Zimtpulver
½ Teelöffel gemahlener Ingwer
Mark von 1 kleinen Vanilleschote
¼ Teelöffel Meersalz
1 Prise Muskatpulver
1 Prise Nelkenpulver
1 Tasse (120 g) Walnüsse, gehackt
⅓ Tasse (50 g) Rosinen
ein paar gehackte Walnüsse für die Dekoration

80 Gramm Walnüsse in der Küchenmaschine zu grobem Mehl vermahlen. Äpfel, Karotten und Datteln dazugeben und zu einem glatten Teig verarbeiten. Zimt, Ingwer, Vanille, Muskat, Nelken und Meersalz zugeben und verrühren.

Den Teig in eine Schüssel geben und 120 Gramm Walnüsse und die Rosinen unterkneten. Eine Cupcake-Form mit 12 Papierförmchen auslegen und den Teig hineinpressen. Die Cupcakes werden etwas überstehen, also oben zu einer kleinen Rundung formen.

Die Crememasse mit einer Sahnespritze als hübsche Häubchen daraufsetzen und mit gehackten Walnüssen garnieren. Sie können die Crememasse im Gefrierschrank aufbewahren, falls etwas davon übrig bleibt.

Cherrybomb-Cupcakes

Carobpulver schmeckt ähnlich wie Kakao, ist aber süßer, enthält weniger Fett und hat keine stimulierende Wirkung.

Für 12 bis 16 Portionen
Zubereitung: 40 Minuten

GUSS

2 große Avocados
⅔ Tasse (70 g) ungeröstetes Carobpulver in Rohkostqualität
½ Tasse (120 ml) Xylitol
Mark von 1 Vanilleschote
1 Prise Meersalz

Alle Zutaten in die Küchenmaschine geben und gut durchmischen. Der Teig sollte dickflüssig und cremig sein. Wenn nötig, mehr Carobpulver und Xylitol dazugeben.

Den Guss in eine Schüssel geben und in den Kühlschrank stellen. Dort wird er fest wird, während Sie die Cupcakes vorbereiten.

CUPCAKES

2 Tassen (240 g) Walnüsse
¼ Tasse (45 g) Datteln, entsteint
⅓ Tasse (35 g) ungeröstetes Carobpulver in Rohkostqualität
1 Teelöffel Kirschsirup in Bio-Qualität (nicht roh)
1 Prise Meersalz
¼ Tasse (60 g) getrocknete Kirschen, gehackt
1 Esslöffel (15 ml) gefiltertes Wasser

Walnüsse in der Küchenmaschine zu Mehl vermahlen. Datteln, Carobpulver, Kirschsirup und 1 Prise Meersalz dazugeben und rühren, bis die Mischung zu einem glatten Teig wird. Den Teig in eine Schüssel geben, getrocknete Kirschen und Wasser mit den Händen hineinkneten. Cupcake-Form mit 12 Papierförmchen auslegen und Teig hineinpressen. Den Guss in die Sahnespritze füllen und ein Häubchen auf jeden Cupcake setzen.

Wenn Sie keine Cupcake-Form haben, nehmen Sie einfach eine Springform. Legen Sie diese mit Küchenpapier aus und formen den Teig zu einem flachen Kuchen.

Die Cupcakes halten sich im Kühlschrank etwa 1 Woche.

Deutsche Schoko-Cupcakes

Ich backe diese Cupcakes für meinen Mann jedes Jahr zum Geburtstag.

Für 12 bis 16 Portionen
Zubereitung: 30 Minuten

GUSS

½ Tasse (115 g) Pekan- *oder* Mandelmus in Rohkostqualität
½ Tasse (40 g) ungesüßte Kokosraspel
¼ Tasse (60 ml) Agavendicksaft in Rohkostqualität
1 Esslöffel (15 ml) gefiltertes Wasser
Mark von ½ Vanilleschote
1 Prise Meersalz
⅓ Tasse (40 g) Pekannüsse, fein gehackt
selbst gemachte Schokoraspel (Kaufen Sie dafür 1 Tafel Bio-Schokolade der Wahl und schaben Sie mit einem Kartoffelschäler feine Raspel ab.)

Mit der Hand alle Zutaten bis auf die gehackten Pekannüsse und die Schokoraspel vermengen. Wenn nötig, 1 Esslöffel Wasser zugeben. Die Mischung in den Kühl- oder Gefrierschrank stellen.

CUPCAKES

2½ Tassen (300 g) Walnüsse
¾ Tasse (135 g) Medjoul-Datteln
½ Tasse (50 g) Kakaopulver in Rohkostqualität
1 Prise Meersalz

Walnüsse in der Küchenmaschine zu Mehl vermahlen. Datteln, Kakao und Meersalz zugeben und das Ganze zu einem glatten Teig verarbeiten. Ggf. 1 Esslöffel (15 ml) Wasser zugeben.

Eine Cupcake-Form mit 12 Papierförmchen auslegen und den Teig hineinpressen. Die Cupcakes werden ein wenig überstehen, also oben zu einer kleinen Rundung formen. Den Teig etwa 20 bis 30 Minuten in den Kühlschrank stellen, bis er fest wird. Verteilen Sie dann den Guss mit dem Messer oder einem kleinen Spatel großzügig auf den Cupcakes. Mit gehackten Pekannüssen und Schokolocken bestreuen.

Im Kühlschrank bleiben die Cupcakes etwa 2 Wochen lang frisch, im Gefrierschrank 1 Monat.

Schoko- oder Eisdessert – zuckerfrei

Diese Köstlichkeit können Sie entweder als üppige Creme oder als Eisdessert genießen. Einer meiner Klienten meinte einmal, dieses Schoko-Eisdessert habe buchstäblich sein Leben verändert. Ich mag es am liebsten, wenn es frisch aus der Eismaschine kommt und noch cremig-weich ist. Auch hier ist der Hochleistungsmixer sehr nützlich, weil er aus den Zutaten eine seidig-glatte Creme macht. Sie sollten ihn allerdings mindestens 2 bis 3 Minuten lang laufen lassen. Servieren Sie das Dessert mit klein geschnittenen Erdbeeren oder anderen Früchten, auf die Sie Lust haben.

Für 8 bis 10 Portionen
Vorbereitung: ungesüßte Mandel- oder Cashewmilch (Seite 59)
Zubereitung: 20 Minuten

2 Tassen (80 g) Fleisch von etwa 3 Trinkkokosnüssen
1 Tasse (240 ml) ungesüßte Mandel- *oder* Cashewmilch (Seite 59)
½–⅔ Tasse (120–160 ml) Xylitol
½ Tasse (50 g) Kakaopulver in Rohkostqualität
¼ Tasse (60 ml) flüssiges Kokosöl in Rohkostqualität
Mark von ½ Vanilleschote
1 Prise Meersalz

Alle Zutaten in den Mixer geben und mindestens 2 bis 3 Minuten lang glatt pürieren. Unter Umständen sollten Sie den Mixer mehrfach ab- und wieder anstellen, damit sich die Masse besser durchmischt. Wenn nötig, mehr Mandelmilch zugeben, damit der Mixer gut läuft. Insgesamt aber sollte die Flüssigkeit dick und sämig werden.

Mehr Kakao oder Süßungsmittel dazugeben, wenn Sie einen intensiveren Geschmack wünschen.

Vor dem Servieren im Kühlschrank fest werden lassen.

Das Dessert bleibt im Kühlschrank 4 Tage lang frisch.

EISCREME

Da Desserts im gefrorenen Zustand weniger süß schmecken, fügen Sie der Menge schon beim Mixen 2 Esslöffel (30 g) Xylitol zu. Zuerst im Kühlschrank kalt stellen, dann in die Eismaschine geben und nach den Angaben des Herstellers weiterverarbeiten. Diese Eiscreme hält sich im Gefrierschrank theoretisch mehrere Wochen, aber bis dahin haben Sie sie garantiert schon längst weggenascht.

Bananen-Beeren-Creme

sehr lecker

Diese Creme enthält kein Fett und keinen zusätzlichen Zucker. Die gefrorenen Früchte sind ein wunderbarer Nachtisch für Kinder, aber auch für Ihre Detox-Tage. Ich stelle Ihnen hier drei unterschiedliche Methoden vor, wie Sie dieses köstliche Dessert zubereiten können.

Für 2 Portionen
Vorbereitung: Bananenstücke und Beeren-Mischung (Heidelbeeren, Erdbeeren, Himbeeren) einfrieren
Zubereitung: 10 Minuten

1 Tasse (150 g) Bananenstücke
1 Tasse (150 g) Beeren-Mischung

MIT DEM HOCHLEISTUNGSMIXER

Die gefrorenen Beeren und Bananen einige Sekunden lang auf höchster Stufe mixen, während Sie die Früchte mit dem Stopfer in die Messer drücken. Das wird ziemlich laut, aber danach haben Sie ein wunderbar schaumiges Dessert.

MIT DER KÜCHENMASCHINE

Die Früchte in die Küchenmaschine geben und zu einer weichen Creme rühren. Wenn nötig, die Masse mit dem Spatel von den Wänden der Küchenmaschine ablösen. Dabei wird das Fruchtmus weniger homogen, aber ich mag diese etwas gröbere Variante lieber.

MIT DEM ENTSAFTER

Wenn Sie einen mastizierenden Entsafter besitzen, können Sie die gefrorenen Früchte einfach bei geschlossener Platte durch das Schneidwerk passieren lassen, um ein cremig-weiches Eisdessert zu erhalten.

Eis am Stiel

Eis am Stiel zu machen ist so einfach und sorgt im Handumdrehen für Sommerfreude pur! Dafür gibt es spezielle Eiscreme-Formen, aber Sie können Ihr Eis auch in eine schlichte Eiswürfel-Schale geben oder in andere kleine Behälter, die Sie gerade zur Hand haben wie Joghurtbecher oder Cupcake-Formen. Experimentieren Sie einfach nach Lust und Laune!

Ich stelle Ihnen vier Mischungen für Eis am Stiel vor, aber natürlich können Sie dabei Ihrer Kreativität freien Lauf lassen. Für Eis am Stiel können Sie jedes Fruchtpüree verwenden. Sie sollten nur etwas mehr Süßungsmittel dazugeben als üblich.

Wie Sie perfektes Eis am Stiel zaubern

Achten Sie darauf, nur Stiele in Lebensmittelqualität zu verwenden, ob aus Plastik, Holz oder Bambus ist dabei nicht von Bedeutung. Nehmen Sie keine Glasformen. Daraus lässt sich das Eis nur schwer lösen und Sie wollen doch schließlich nicht jedes Mal Ihre Formen kaputt machen, oder?

Stellen Sie das Fruchtpüree in der Form zwei Stunden lang kalt, bevor Sie den Stiel hineinstecken. Dann wird das Fruchtmus schön cremig und der Stiel kippt nicht zur Seite.

Lösen Sie das Eis aus der Form, indem Sie kurz heißes Wasser darüberlaufen lassen.

Sie können das fertige Eis in einem verschließbaren Behälter im Gefrierschrank aufbewahren oder es in der Form in den Gefrierschrank stellen und nur dann entnehmen, wenn Sie es verzehren wollen.

Karamelleis sehr lecker

Für 9 bis 10 Portionen
Vorbereitung: Ungesüßte Mandel- oder Cashewmilch (Seite 59)
Zubereitung: 10 Minuten

1½ Tassen (360 ml) Mandel- *oder* Cashewmilch (Seite 59)
***oder* gefiltertes Wasser**
1 Tasse (150 g) Cashewkerne
⅓ Tasse (80 ml) plus 1 Esslöffel (15 ml) Xylitol *oder*
⅓ Tasse (80 ml) Agavendicksaft in Rohkostqualität
¼ Tasse (25 g) Kakaopulver in Rohkostqualität

Alle Zutaten in den Mixer geben und zu einem sehr glatten Püree verarbeiten. Die Flüssigkeit in die Eisformen gießen und 1 bis 2 Stunden im Gefrierschrank anziehen lassen. Erst dann die Stiele hineinstecken und im Gefrierschrank fest werden lassen.

Um das Eis aus der Form zu lösen, diese einige Sekunden unter fließendes heißes Wasser halten oder – wenn Sie so lange warten können – bei Raumtemperatur leicht antauen lassen.

Erdbeereis am Stiel

Diese Leckerei hat mehr von einem klassischen Fruchteis am Stiel als die Eissorten in den anderen Rezepten. Haben Sie schon einmal gefrorene Erdbeerstückchen gelutscht? Auf Partys ist das Erdbeereis immer als Erstes weg.

Für 9 bis 10 Portionen
Vorbereitung: Ungesüßte Mandel- oder Cashewmilch (Seite 59)

2 Tassen (340 g) Erdbeeren, grob geschnitten
1½ Tassen (360 ml) Mandel- *oder* Cashewmilch (Seite 59)
¼ Tasse (60 ml) *oder* mehr Xylitol oder Süßungsmittel nach Wahl
Mark von ½ Vanilleschote

1 Tasse (170 g) Erdbeeren mit Nussmilch und Süßungsmittel im Mixer glatt pürieren. Die restlichen Erdbeeren mit einer Gabel zerdrücken und auf die Eisformen verteilen. Dann mit dem Fruchtpüree auffüllen.

Das Eis 1 bis 2 Stunden im Gefrierschrank anziehen lassen. Erst dann die Stiele hineinstecken und im Gefrierschrank fest werden lassen.

Um das Eis aus der Form zu lösen, diese einige Sekunden unter fließendes heißes Wasser halten oder bei Raumtemperatur leicht antauen lassen.

Orangentraum am Stiel

Das ist mein liebstes Eis am Stiel! Frische Zitrusaromen mit der cremigen Süße der Kokosnuss.

Für etwa 10 Portionen

1 Tasse (80 g) Fleisch von Trinkkokosnüssen
2½ Tassen (600 ml) Orangensaft
2 Teelöffel fein geriebene Orangenschale (nur von Bio-Orangen!)
Mark von 1 Vanilleschote
1 Spritzer Zitronensaft zum Abschmecken

Alle Zutaten in den Mixer geben und zu einem sehr glatten Püree verarbeiten. Wenn die Mischung vom Mixen noch schaumig ist, erst 5 bis 10 Minuten lang setzen lassen, bevor Sie sie weiterverarbeiten. Oder den Schaum mit einem Löffel abschöpfen.

Die Flüssigkeit in die Eisförmchen gießen und 1 bis 2 Stunden im Gefrierschrank anziehen lassen. Die Stiele hineinstecken und im Gefrierschrank fest werden lassen. Um das Eis aus der Form zu lösen, diese einige Sekunden unter fließendes heißes Wasser halten oder bei Raumtemperatur leicht antauen lassen.

Süßes Basilikum-Eis

Dieses Eis am Stiel schmeckt wie Vanille-Eiscreme mit einem Hauch Basilikum.

Für 10 Portionen
Vorbereitung: Wenn Sie keinen Hochleistungsmixer besitzen, sollten Sie die Cashewkerne einweichen (siehe Seite 28). Verwenden Sie Mandelmilch (Seite 59) für noch cremigeres Eis.
Zubereitung: 10 Minuten

1 Tasse (150 g) Cashewkerne
2 Tassen (480 ml) gefiltertes Wasser *oder* Mandelmilch (Seite 59)
1 Tasse (40 g) Basilikum
1/3 Tasse (80 ml) plus 1 Esslöffel (15 ml) Xylitol *oder* 1/3 Tasse (80 ml) Agavendicksaft in Rohkostqualität

Alle Zutaten in den Mixer geben und zu einem sehr glatten Püree verarbeiten. Wenn die Mischung vom Mixen noch schaumig ist, erst 5 bis 10 Minuten lang setzen lassen, bevor Sie sie weiterverarbeiten. Oder den Schaum mit einem Löffel abschöpfen. Die Flüssigkeit in die Eisformen gießen und 1 bis 2 Stunden im Gefrierschrank anziehen lassen. Die Stiele hineinstecken und im Gefrierschrank fest werden lassen.

Um das Eis aus der Form zu lösen, diese einige Sekunden unter fließendes heißes Wasser halten oder – wenn Sie so lange warten können – bei Raumtemperatur leicht antauen lassen.

Hafer-Walnuss-Rosinen-Kekse

Achten Sie besser darauf, dass keine Kinder im Raum sind, wenn Sie diese saftigen Kekse probieren, denn möglicherweise rutscht Ihnen ein „Wow, die sind verdammt gut!" heraus. Oder bin ich etwa die Einzige, die flucht, wenn ihr etwas Leckeres zwischen die Zähne kommt?

Für 20 Kekse
Zubereitung: 20 Minuten

2 Tassen (240 g) Walnüsse
1 Tasse (180 g) Medjoul-Datteln, entsteint und 15 Minuten eingeweicht, sie sollten nicht so saftig sein
1 Tasse (80 g) Haferflocken
Mark von ¼ Vanilleschote
1 Teelöffel Zimtpulver
¼ Teelöffel Meersalz
½ Tasse (75 g) Rosinen

ZUSÄTZLICH

²/₃ Tasse (80 g) Walnüsse, gehackt
¼ Tasse (20 g) Haferflocken

Walnüsse in die Küchenmaschine geben und zu fast nussmusartiger Konsistenz verrühren. Datteln dazugeben und alles zu einem Teig verarbeiten. Dann Haferflocken, Vanille, Zimt und Meersalz zugeben und so lange verarbeiten, bis ein glatter Teig entsteht.

Teig in eine Schüssel geben und die Rosinen unterkneten.

Mit einem Esslöffel etwas Teig abstechen und mit der Hand zu einer Kugel formen. Sollte die Mischung nicht gut binden, geben Sie noch 2 Teelöffel Wasser dazu.

Gehackte Walnüsse und Haferflocken auf einer glatten Oberfläche ausstreuen, die Kugeln darin rollen, bis alle Seiten gut bedeckt sind. Dann zu Keksen flach drücken.

Die Kekse in den Gefrierschrank stellen, wenn Sie sie bissfester mögen. Wenn nicht, reicht der Kühlschrank völlig aus.

Die Kekse halten sich im Kühl- oder Gefrierschrank etwa 1 Monat.

Apfelkuchen mit Karamellsauce

Manchmal packt einen die Lust auf ein schnelles Stück Apfelkuchen. Dieses Rezept ist einfach zuzubereiten und schmeckt unglaublich gut. Die salzige Karamellcreme ist vielleicht das Köstlichste, was meine Küche je hervorgebracht hat. Und das Tolle daran ist: Sie hat einen niedrigen glykämischen Index.

Für 4 Portionen
Zubereitung: 20 Minuten

TEIG

1 Tasse (120 g) Walnüsse
3 Esslöffel (45 ml) Agavendicksaft *oder* Kokos-Nektar, jeweils in Rohkostqualität
¼ Teelöffel Zimtpulver
1 Prise Meersalz

Walnüsse in der Küchenmaschine zu Mehl vermahlen. Die restlichen Zutaten zugeben und zu einem glatten Teig rühren.

APFELFÜLLUNG

2 Tassen (300 g) Äpfel, geraspelt
2–3 Esslöffel (30–45 ml) Agavendicksaft *oder* Kokos-Nektar, jeweils in Rohkostqualität
2 Esslöffel (30 ml) Zitronensaft
⅛ Teelöffel Zimtpulver

Überschüssige Flüssigkeit aus den Apfelstückchen drücken. Sie können die Äpfel auch mit dem Spiralschneider zu langen Locken verarbeiten.

Alle Zutaten in einer Schüssel verrühren und nach Belieben abschmecken.

SALZIGE KARAMELLCREME

⅓ Tasse (80 ml) Kokos-Nektar in Rohkostqualität
3 Esslöffel (45 ml) flüssiges Kokosöl in Rohkostqualität
½ Esslöffel (8 g) Mandelmus in Rohkostqualität
1 Prise Meersalz

Alle Zutaten in eine Schüssel geben und mit dem Schneebesen schaumig rühren.

Und so setzen Sie alles zusammen:
Die Teigmasse mit dem Messer oder einem Löffel auf vier Servierteller verteilen und zu einer glatten, runden Fläche von etwa 8 Zentimeter Durchmesser ausstreichen. Auf jeder Teigscheibe ½ Tasse (125 g) Apfelfüllung verteilen. Mit einer Spritzflasche die Karamellsauce darübergeben und lustige Muster auf die Teller zeichnen. Sofort servieren.

Teig und Karamellsauce bleiben im Kühlschrank 2 Wochen lang frisch.

Juditas Trick: Die Äpfel auf dem Foto gegenüber habe ich mit dem Spiralschneider in breite Streifen verwandelt.

Zitronen-Käsekuchen mit wilden Heidelbeeren

Ich hatte die üblichen runden Käsekuchen satt, daher habe ich diese Knusperversion kreiert. Teig und Topping sind fast die gleichen wie bei den Hafer-Rosinen-Keksen (Seite 158). Wilde Heidelbeeren sind kleiner, aber aromatischer als die im Handel erhältlichen Heidelbeeren. Ich persönlich nehme auch gern Tiefkühl-Heidelbeeren, weil der beim Auftauen entstehende Saft die Verarbeitung erleichtert.

Für 16 Portionen
Vorbereitung: ½ Tasse (75 g) Cashewkerne 2 Stunden lang in Wasser einweichen
Zubereitung: 40 Minuten und 1 bis 2 Stunden Zeit fürs Kaltstellen

TEIG

2 Tassen (240 g) Pekan- *oder* Walnüsse
¼ Tasse (35 g) Rosinen
⅛ Teelöffel Meersalz

Alle Zutaten in der Küchenmaschine 20 bis 25 Sekunden lang durchrühren. Wenn die Mischung danach noch nicht abbindet, noch einmal durchrühren. Sie dürfen allerdings nicht zu lange rühren, sonst setzt sich das Nussöl ab.

Den Teig fest in eine 20 x 20 Zentimeter große, quadratische und mit Küchenpapier ausgelegte Backform pressen.

TOPPING

1 Tasse (120 g) Pekan- *oder* Walnüsse
⅓ Tasse (50 g) Rosinen
⅓ Tasse (60 g) Medjoul-Datteln
⅛ Teelöffel Meersalz
½ Tasse (40 g) Haferflocken (wenn gewünscht)

Nun geben Sie Nüsse, Rosinen, Datteln und Meersalz in die Küchenmaschine und verarbeiten diese zu einer krümeligen, leicht klebrigen Masse. Dabei sollten Sie die Küchenmaschine ein paar Sekunden länger laufen lassen als beim Teig.

KÄSEMASSE

1 Tasse (240 ml) flüssiges Kokosöl in Rohkostqualität
½ Tasse (75 g) Cashewkerne, 2 Stunden eingeweicht
⅓ Tasse (80 ml) Zitronensaft
½ Tasse (120 ml) Xylitol *oder* Agavendicksaft in Rohkostqualität
¼ Tasse (60 ml) gefiltertes Wasser
½ Esslöffel (3 g) fein geriebene Zitronenschale (nur von einer Bio-Zitrone!)
1 Esslöffel (8 g) Lecithinpulver (Wenn Sie mit Agavendicksaft süßen, 2 Esslöffel – also 16 g – Lecithinpulver verwenden.)
2 Tassen (310 g) frische *oder* gefrorene wilde Heidelbeeren

Alle Zutaten bis auf Lecithin und Heidelbeeren im Mixer glatt pürieren. Lecithinpulver zugeben, erneut durchmixen. Die Mischung über den Teig verteilen.

Die Heidelbeeren gleichmäßig auf die Käsemischung geben. Leicht andrücken. Zum Schluss das Topping gleichmäßig über den Kuchen geben.

Im Kühl- oder Gefrierschrank 1 bis 2 Stunden fest werden lassen. Im Kühlschrank bleibt der Kuchen 3 bis 4 Tage frisch, im Gefrierschrank 1 Monat.

Juditas Trick: Sie können statt der Heidelbeeren auch andere Früchte verwenden wie Kirschen, Pfirsiche oder Mangostreifen. Auch die Menge an Zitronensaft können Sie nach Belieben erhöhen oder verringern.

Snacks – roh und einfach

Hier ein paar schnelle und einfache Snack-Ideen: Gemüse- oder Grünkohlchips sowie Cracker mit Lein- oder Chiasamen, aber auch mit Nori finden Sie in gut sortierten Naturkostläden, in Biomärkten oder im Internet. Sie schmecken einfach wunderbar, wenn Sie Lust auf etwas Pikantes und Knackiges haben. Daher streue ich sie auch gern über Salate.

- Apfelringe mit Mandelmus und Kirschen-Hanf-Müsli (Seite 44), siehe Abbildung gegenüber
- Banane, gewälzt in 2 Esslöffel (30 g) Hanfsamenbutter (Seite 141) oder Mandelmus und dann mit Kakaonibs bestreut
- Große Leinsamen-Cracker, bestrichen mit Avocadomus, belegt mit Tomatenscheiben (leicht gesalzen) und mit frisch gemahlenem Pfeffer sowie Spirulina-Pulver bestreut. Dekorieren Sie sie nach Belieben mit ein paar Sprossen.
- Pilzkappen (ohne Stiele), gefüllt mit Guacamole mit Räucheraroma (Seite 86)
- Romanablätter, gefüllt mit Guacamole mit Räucheraroma (Seite 86) oder mit Avocado- und Tomatenscheiben, darauf 1 Prise Spirulina-Pulver und kleine Stücke von Leinsamen-Crackern oder Grünkohlchips
- 1 große gewürfelte Fleischtomate, bestreut mit gehacktem Basilikum, Meersalz und frisch gemahlenem Pfeffer, darüber ein Spritzer Aceto balsamico (wenn gewünscht)
- Weiche Medjoul-Datteln, entsteint und mit Pekannüssen oder Nussmus gefüllt
- Rote Paprikaschoten, halbiert, entkernt und von den weißen Teilen befreit; innen bestrichen mit Aufstrich aus sonnengetrockneten Tomaten (Seite 142), gefüllt mit Gurken- und Zucchiniwürfeln, darauf Meersalz und frisch gemahlenen Pfeffer sowie ein Tupfen Veggie-Crème-fraîche (Seite 140)
- Stangensellerie, bestrichen mit Ihrem Lieblingsnussmus, bestreut mit Kakaonibs und Gojibeeren
- Große Selleriestängel, bestrichen mit der Creme zu den Salat-Wraps ganz ohne Fleisch (Seite 124)
- Ausgehöhlte Salatgurkenhälften, gefüllt mit Korianderpesto (Seite 143) oder Ihrem Lieblingsaufstrich, bestreut mit Tomatenwürfeln
- 2 Esslöffel (30 g) Tahin in Rohkostqualität und jeweils 1 Esslöffel (20 g) kalt geschleuderter Honig, Kakaonibs und Kokosöl in Rohkostqualität mit 1 Prise Vanillepulver und Meersalz verrühren; in eine Schüssel geben und ein paar Minuten lang in den Gefrierschrank stellen – schmeckt besser als Plätzchenteig!
- Eine gefrorene Durianfrucht aus dem Asiamarkt leicht antauen lassen und in der Küchenmaschine oder im Mixer zu Püree verarbeiten (siehe Rezept Seite 154).

Juditas Trick: Den zuletzt aufgeführten Snack essen Sie am besten nur, wenn Sie allein sind, da die Durian einen recht strengen, fauligen Geruch absondert. Ansonsten wird jeder denken, dass Sie es waren!

Glossar

Agavendicksaft: Sirup der Agavenpflanze, aus der auch Tequila gemacht wird. Ob er wirklich „roh" ist, wird heftig diskutiert. Ich verwende ihn eher selten. Auf jeden Fall sind klare Sorten in Rohkostqualität besser als dunkle, die über 43 °C erhitzt wurden.

Apfelessig: Achten Sie darauf, dass Sie rohen Essig kaufen. Mit Wasser verdünnt ist er eine großartige Verdauungshilfe.

Arame: Arame sind dunkle, nudelartige Algen. Weichen Sie sie 5 Minuten ein und spülen Sie sie kurz ab, bevor Sie sie weiterverwenden.

Blaualgen: Mikroalgen, die neben ihrem hohen Anteil an Chlorophyll eine enorme Bandbreite an Vitaminen, Mineralstoffen, Enzymen, sekundären Pflanzenstoffen und Aminosäuren enthalten.

Blütenpollen: Pollen sind beliebt bei Sportlern. Sie liefern Proteine, B-Vitamine, sekundäre Pflanzenstoffe und Enzyme.

Buchweizen: Knöterichgewächs, das viel Protein enthält. Glutenfreie Samen. Sprossen nur in Maßen genießen, da sie zu Buchweizenausschlag führen können.

Camu-Camu-Pulver: Pulver aus den Beeren des Camu-Camu-Busches. Enthält angeblich mehr Vitamin C als jede andere Pflanze.

Chiasamen: Nahrungsmittel der Azteken, glutenfrei, reich an essenziellen Fettsäuren, Proteinen und Ballaststoffen.

Dulse: Dulse ist eine milde Algensorte, die in Flockenform oder in langen Streifen angeboten wird. Kein Einweichen erforderlich. Sie können sie direkt aus der Packung essen. In einem Streuer aufbewahrt, lassen sie sich gut über dem Salat verteilen.

Getrockneter Rohrohrzucker: Dieser Zucker, auch „Rapadura" genannt, ist die am wenigsten verarbeitete Form von Rohrzucker.

Gojibeeren: Die rotorangefarbene Beeren sind voller Antioxidantien. In der chinesischen Medizin als belebendes Tonikum genutzt.

Himalajasalz: Ein Salz, das rosa und teuer ist, da es aus dem Himalaja kommt und viele Mineralstoffe enthält.

Jicama: Dieses Gemüse wird auch „Benkoan" genannt. Ein Wurzelgemüse aus Mexiko, das an Kartoffeln erinnert. Kann auch roh verzehrt werden.

Kakaobutter: Diese Butter wird aus der Kakaobohne gewonnen und für Desserts verwendet.

Kakaopulver: Das Pulver wird aus gemahlenen Kakaobohnen gewonnen. In vielen Supermärkten nur in erhitzter Form erhältlich, daher besser in Rohkostqualität übers Internet kaufen. Beste Quelle für Magnesium und Aminosäuren, vor allem für Tryptophan, die Vorstufe des Serotonins. Enthält auch Theobromin. Eine echte Glücksdroge! Für Hunde und Katzen giftig!

Kamut: Es handelt sich um eine alte, mineralstoff- und proteinreiche Weizensorte, die für Menschen mit Getreideallergien häufig gut verträglich ist.

Kelp: Meeresalge, die in Pulverform als Salzersatz dient. Gut, wenn Sie einem Gericht einen „Fischgeschmack" geben wollen.

Kelpnudeln: Die Nudeln sehen aus wie Glasnudeln und nehmen den Geschmack jeder Sauce an. Vor der Verwendung gut abspülen!

Kokos-Nektar: Dies ist ein flüssiger Zucker, der aus dem Saft der Kokospalme gewonnen wird und einen sehr niedrigen glykämischen Index hat.

Kokosöl: Das Öl wird aus der Nuss der Kokospalme gewonnen, ist wohlschmeckend und auch für Haut und Haar gesund. Unter 24 °C von fester Konsistenz und weißer Farbe. Sehr lecker in Desserts!

Maca-Pulver: Die Wurzel aus Peru wird getrocknet und vermahlen. Unterstützt Nerven- und Hormonsystem sowie den Kreislauf. Hilft dem Körper, Stresssituationen gut zu überstehen.

Medjoul-Datteln: Diese weichen Datteln haben einen karamellähnlichem Geschmack. Sie enthalten mehr Wasser als die üblichen Sorten.

Meeresgemüse: Meeresgemüse ist reich an Mineralstoffen, vor allem an Jod.

Meersalz, graues: Dieses Meersalz kommt aus der Bretagne, wo es nur durch Trocknen an der Sonne gewonnen wird. Sehr reich an Mineralstoffen und Spurenelementen.

Miso: Würzpaste, die gewöhnlich aus Sojabohnen mit veränderlichen Anteilen von Reis, Gerste oder anderem Getreide besteht. Wird in Fässern vergoren. Ich bevorzuge mildes sojafreies Kichererbsenmiso.

Nama-Shoyu: Es handelt sich um nicht pasteurisierte Sojasauce.

Nori: Die leckeren Algen verwendet man für Sushi. Wenn nicht anders angegeben, sind alle Nori-Blätter geröstet.

Palmzucker: Die unraffinierte Süße aus dem Saft der Kokospalme. Schmeckt wie brauner Zucker, ist mineralstoffreich, kann Rohrohrzucker ersetzen.

Sacha Inchi: Diese Nuss ist auch als Inka-Erdnuss bekannt. Sie stammt aus Peru und hat den höchsten pflanzlichen Gehalt an Omega-3-Fettsäuren.

Spirulina: Die protein- und mineralstoffreiche Blaualge enthält reichlich Enzyme, Vitamine, Chlorophyll und sekundäre Pflanzenstoffe.

Stevia: Die Blätter der Steviapflanze wurden jahrhundertelang zum Süßen verwendet. Sehr süß mit einem süßholzähnlichen Nachgeschmack. Gewöhnungsbedürftig, aber gut, da es den Insulinspiegel nicht beeinflusst. Ich verwende meist flüssiges Stevia.

Superfoods: Gemeint sind alle Lebensmittel, die stark antioxidativ wirken, also freie Radikale binden können, sowie Vitamine, Mineralstoffe und sekundäre Pflanzenstoffe in kon-zentrierter Form enthalten – die Nahrungsergänzungsmittel der Rohkost.

Tahin: Sesammus wird aus geschältem oder ungeschältem Sesam hergestellt. Kalziumreich!

Tamari: Tamari ist eine vergorene, glutenfreie Sojasauce für Menschen mit Weizenallergie.

Tamarindenpaste: Diese exotische, süß-saure Paste stammt aus der asiatischen Küche.

Trinkkokosnuss: Es handelt sich um eine junge Kokosnuss. Wird ungefähr fünf Monate vor der eigentlichen Reifung geerntet wird; der bekannte holzartige Kern der Kokosnuss hat sich noch nicht ausgeprägt. An der Innenseite befindet sich anstatt des weißen Fruchtfleisches ein süßes, mehrere Millimeter dünnes Gelee, später wird seine Konsistenz fester. Gelee ist für Süßspeisen geeignet. Enthält bis zu 800 Milliliter reines Kokoswasser, das nicht nur den Durst löscht, sondern auch noch isotonische Eigenschaften besitzt.

Wakame: Dies sind herzhafte grüne Algen. Vor der Verwendung gründlich einweichen und abspülen!

Wild-Erdnüsse: Wilde Erdnüsse kommen aus dem Amazonasgebiet. Enthalten keine Aflatoxine (eine Art Schimmelpilz, der häufig nicht nur in amerikanischen Erdnüssen enthalten ist).

Würzhefe: Sie ist als Flocken oder Paste erhältlich und reich an B-Vitaminen. Ähnelt geschmacklich dem Parmesan und verleiht Gerichten ein Käse-Aroma.

Xylitol: Ein Süßungsmittel, das vorzugsweise aus Birkenrinde gewonnen wird, mit niedrigem glykämischen Index und antibakteriellen Eigenschaften.

Yaconsirup: Dies ist ein melasseähnlicher Sirup aus der Yaconwurzel.

Bezugsquellen

Zutaten und Geräte

Die meisten rohköstlichen Zutaten und viele Küchenhelfer für die Rohkostküche können Sie übers Internet bestellen. Eine Liste der Versender finden Sie unter:

http://austriagoesraw.at/Kategorien/Rohkost-Versender (Versender in Österreich)
http://germanygoesraw.de/Shops/Rohkost-Versand (Versender in Deutschland)
www.rohkostwiki.de/wiki/Rohkost-Versender (Versender in Deutschland)
http://rohvolution.ch/Ressourcen/Online-Shop (Versender in der Schweiz)

Informationen zum Thema „Wasserfilter"

www.info-wasserfilter.de

Rohkost-Informationen

Sind Sie bereit, richtig mit Rohkost durchzustarten, oder einfach neugierig geworden? Brauchen Sie Unterstützung auf Ihrem Weg zu einem rohköstlichen Leben? – Auf den folgenden Websites finden Sie Wissenswertes, aktuelle Informationen, zahlreiche Tipps, Blogs, spezielle Events (auch in Ihrer Region) und vieles mehr und haben die Möglichkeit, sich mit anderen Rohköstlern und Veganern auszutauschen:

www.allesroh.at
http://austriagoesraw.at
http://germanygoesraw.de
www.gruenesmoothies.de
www.rohkoestlich.com
www.rohkost.ch
www.rohkost.de
www.rohkostclub.de
www.rohkostwiki.de
http://rohvolution.ch
www.vegan.de
www.vegane-gesellschaft.de
http://worldgoesraw.com

Literaturverzeichnis

Boutenko, Victoria: *Green for Life. Grüne Smoothies nach der Boutenko-Methode.* Hans-Nietsch-Verlag, Freiburg 2009

Boutenko, Victoria: *Grüne Smoothies: lecker, gesund und schnell zubereitet.* Hans-Nietsch-Verlag, Emmendingen 2010

Calabrese, Karyn: *Innere Reinigung. Das Detox-Programm zur Harmonisierung und Regeneration von Körper und Geist.* Hans-Nietsch-Verlag, Emmendingen 2012

Gates, Donna: *The Body Ecology Diet. Recovering Your Health and Rebuilding your Immunity.* Hay House Publishing, Carlsbad, CA/USA 2011

Hoffmann, Eva Katharina: *Energiepflanzen im Haus. Welche uns guttun, welche nicht zu uns passen. Ungewöhnliche Zimmerpflanzenporträts mit Pflegetipps.* Bassermann Verlag, München 2009

Morris, Julie: *The Superfood Kitchen. Cooking with Nature's Most Amazing Foods.* Sterling Publishing, New York, NY/USA 2012

Ober, Clinton u. a.: *Earthing – Heilendes Erden. Gesund und voller Energie mit Erdkontakt.* 2. Auflage. VAK-Verlag Kirchzarten 2013

Shelton, Penni: *Raw Food Cleanse. Restore Health und Lose Weight by Eating Delicious, All-Natural Foods – Instead of Starving Yourself.* Perseus Books Group, New York, NY/USA 2010

Vormann, Jürgen Prof. Dr.: *Säure-Basen-Balance.* 6. Auflage, Gräfe und Unzer, München 2012

Wignall, Judita: *Going Raw. Wie Sie Ihre Ernährung erfolgreich auf Rohkost umstellen und damit Ihr Leben bereichern.* Mit DVD. Hans-Nietsch-Verlag, Emmendingen 2012

Wolfe, David: *Superfoods. The Food and Medicine of the Future.* North Atlantic Books, Berkeley, CA/USA 2010

Dank

Ich möchte *Quarry Books,* meinem amerikanischen Verlag, für das Vertrauen in mich und mein Buch sowie die aktive Unterstützung danken.
Meinen Mann Matt könnte ich immer wieder küssen dafür, dass er mit seinen Bildern meine Visionen für dieses Buch lebendig werden ließ.
Meiner Food-Stylistin Peilin Chen Breller danke ich, weil sie meinen Rezepten mit ihrer Kunst erst den richtigen Rahmen verliehen hat.
Und natürlich ein herzliches Dankeschön an alle, die meine Rezepte getestet haben. Durch euer wertvolles Feedback konnte ich sie ständig verbessern. Meine Supertester sind Anita Repp, Andrea Lyn und Raw Rebecca: Ihr seid wahrlich meine Raw-Stars!
Und zu guter Letzt möchte ich *Stormy Monday Goods* danken, die alle Küchenutensilien geliefert haben, die Sie auf den Bildern in diesem Buch sehen.

Über die Autorin

Judita Wignall, die Autorin von *Going Raw,* ist am Institute of Integrative Nutrition als Gesundheitsberaterin tätig. Sie hat ihr Diplom als Rohkost-Küchenchefin am *Living Light Culinary Institute* gemacht. Bevor sie begann, sich für das Thema „Ganzheitliche Ernährung" zu interessieren, arbeitete sie als Schauspielerin, Modell und Musikerin. Sie hält Kurse und berät Klienten in ganz Amerika, wie sie ihr Leben so gestalten können, dass es ihnen ein Maximum an Energie und Ausstrahlung und natürlich ihr Wohlfühlgewicht verleiht. Sie legt besonderen Wert darauf, dass der Weg dorthin nicht nur wohlschmeckend, sondern auch machbar ist. Im Internet finden Sie Judita unter: *www.rawjudita.com*

Verzeichnis der Rezepte

Judita Wignall
Going Raw
Wie Sie Ihre Ernährung erfolgreich auf ROHKOST umstellen und damit Ihr Leben bereichern
DVD ROM
DIE BESTEN TIPPS FÜR DIE ROHKOST-KÜCHE
HANS-NIETSCH-VERLAG